不動産은 人生이다
eal Estate Is Life

부동산은 기회다

**부동산은
인생이다**

부동산은 인생이다

초판인쇄	2021년 04월 22일
초판발행	2021년 04월 29일
지은이	김현기
발행인	조현수
펴낸곳	도서출판 더로드
마케팅	최관호
IT 마케팅	조용재
교정교열	권 표
디자인 디렉터	오종국 Design CREO
ADD	경기도 고양시 일산동구 백석2동 1301-2
	넥스빌오피스텔 704호
전화	031-925-5366~7
팩스	031-925-5368
이메일	provence70@naver.com
등록번호	제2015-000135호
등록	2015년 06월 18일
ISBN	979-11-6338-144-0 03230

정가 16,800원

不動産은 人生이다
eal Estate Is Life

부동산은 기회다
부동산은
인생이다

김현기 지음

도서출판 더로드
The Road Books

"부동산과 사람관계가 원활하게 정립될 때
비로소 가치가 빛날 수 있는 것이다"

필자는 '부동산고수' 가 곧 '인생고수' 라는 생각을 자주 한다.
부동산의 사용가치를 극대화 할 수 있는 사람들이야말로 성공한
부자라는 사고 때문이다. 부동산이나 사람이나 사용가치가 극대
화될 때 존재감이 빛나는 것 아닌가. 부동산과 사람관계가 원활
하게 정립될 때 비로소 가치가 빛날 수 있는 것이다.

사람의 존재가치가 빛날 수 있을 때 부동산의 존재감 역시 빛날
수 있다. 부동산주인의 힘과 역할이 그만큼 중요한 것이다. 부동
산을 선용했을 때와 악용했을 때의 차이는 극과 극. 극명한 차이
를 보인다. 부동산 고수가 되어야 하는 이유다.

부동산고수란 잠재력은 물론, 자제력까지 겸비한 인생고수다. 즉
돈을 벌 수 있는 능력과 더불어 관리능력까지 겸비한 것이다. 부
동산을 통해 아무리 돈을 많이 벌어도 그것을 관리 및 자정할 수

있는 능력이 부재하다면 벼락거지로 잔존할 수도 있는 것이다. '관리'가 곧 '순리'인 것이리라.

고수가 지향하는 인생목표와 부동산노하우는 같은 맥락을 유지한다. 투자자는 투자하기 전에 부동산노하우의 의미부터 제대로 인식해야 할 것이다. 부동산노하우란 시간사용법, 공간사용법, 사람사용법 등을 제대로 구축할 수 있는 힘이기 때문이다. 여러 가지가 다 중요하겠으나, 특히 '사람사용법'을 잘 인식해야 한다. 여기에 '사랑사용법'까지 가미가 된다면 그야말로 금상첨화가 될 것이다. 노인인구와 젊은 인구로 구분하여 접근할 필요가 있어서인데 노인에겐 돈으로 당장 살 수 없는 노련미가 있고 젊은 인구에겐 역동적인 신선미가 있기 때문이다.

계속해서 증가일로를 달리고 있는 노인인구를 통해 한 지역의 전통과 역사의 가치를 바로 인식할 수 있는 기회를 얻고, 젊은 인구를 통해선 미래가치를 조율할 수가 있는 것이다. 전통과 현재의 가치를 이을 수 있는 가교역할을 바로 젊은 인구와 노인인구가 하고 있는 셈이다.

노인인구는 시간 사용 경험자로서 시간 사용방법에 대해 젊은 인구보다 잘 알고 있는 상황이기에 한 지역에 젊은 인구와 더불어 반드시 필요한 인물이다. 젊은 인구들은 노인인구의 노련미를 배우고 실생활에 바로 적용할 필요가 있고 노인인구는 수시로 그들에게 조언을 해주어야 할 의무감과 책임감이 있다. 노인의 존재가치를 높일 수 있는 기회인 것이다.

돈 사용법 역시 부동산노하우의 한 축. 중심축이자 핵심이다.

돈이 없다면 아무 것도 할 수 없기 때문이다. 돈이 부동산을 동산화 시킬 수 있는 힘이다. 예컨대 토지개발비용이 반드시 필요한 것이다. 돈 사용법은 시간, 공간, 사람 사용법의 출발이자 결과이다. 돈 사용법은 시간 사용법 등과 정비례하기 때문이다. 노하우는 '현재가치 사용법'을 바로 인지하는 것이다. 현장답사방법과 연계된다.

부동산노하우는 '미래예측 도구를 모색하는 과정(방법)'이다.

부동산노하우는 '행복 사용법'이기도 하다. 부동산 거래를 단순히 돈 거래가 아닌 '행복공간을 거래'한다는 인식이 바로 섰을 때 성공적이고 만족스런 결과를 얻을 수 있기 때문이다.

부동산노하우 - 행복해지는 법

성공 - 행복해지기 위한 노력과 열정, 수단, 과정

성공은 과정이지 결과가 아닌 것이다. 즉 성공은 시작이다.

남에게 베풀기에 전념 했을 때 행복의 출발점에 설 수 있는 것이다.

2021년 봄날에...

저자 **김현기**

부동산고수란
잠재력은 물론, 자제력까지
겸비한 인생고수다.

차례 • Contents

Part _ 01
부동산은 사람이다+부동산은 자연이다

01 토지의 강점   16

02 경기도와 서울 사이   21

03 전원주택은 자유에 투자하는 것   28

04 선택과 혜택   33

05 복덕방(주인과 주인공)이 사라진 이유   41

06 전원도시의 미래   48

07 부동산과 건강상태   57

08 소프트웨어에 투자할 수 있어야 한다   62

09 토지의 위상(위치)이 중요한 이유   68

10 30살 된 사람과 10년 된 땅 가치   75

11 가장 가치 높은 부동산 관련 편익시설물   79

12 역세권과 중독성   85

13 부동산은 심리학이다   90

14 선택과 집중의 과정, 투자   94

Part _ 02
땅 매수 노하우+땅 투자 노하우

01 집 현장답사와 땅 현장답사   100

02 땅 투자자가 현장답사 시 주목해야 할 부분   103

03 답사와 여행   109

04 현장답사과정 중 거품상태를 알아보는 이유   115

05 투자가치와 지역가치   120

06 전국적으로 평택과 화성의 선호도가 높은 이유   124

07 경기도 주거인구의 증가와 서울 주거인구의 감소   128

08 부동산 거품이 빠지지 않는 이유   136

09 땅값 폭등하면 인구집중도 높아지나?   140

10 역세권 가치와 땅 가치   145

11 구더기 무서워 투자 못하는 바보들   151

Part _ 03
부동산고수는 인생고수

01	고수가 원하는 개발목표	160
02	부동산투자의 최종목적지	162
03	감시 대신 감사를 하라	165
04	행복의 크기와 부(부귀)의 크기	171
05	행복한 부자와 불행한 부자	179
06	노예생활과 노동의 가치	182
07	실패하는 이유	188

Part _ 04
성공적인 투자와 만족도 높은 투자

01 강남부자가 선택할 수 있는 진정한 부동산가치   196

02 나의 주변 분위기를 정독하라   202

03 성공적인 투자를 위한 노력   208

04 진정한 부동산노하우의 의미   215

05 지역 랜드 마크 가치를 알리는 방도   218

06 투자가치 높은 공간이 부족한 이유   227

07 수도권 입지(정비)와 대지(정리) 상황   232

08 수도권 집중도가 절대로 떨어지지 않는 이유   239

09 부동산개발과 재개발의 차이   243

10 거부 대신 기부하라   248

11 성공지표   251

12 쌍둥이 도시(Twin Cities)의 극대화   254

Part _ 05
부동산 사기 안 당하는 방법

01 이것만 알아도 사기(실패)는 모면할 수 있다   260

02 공실률과 역사 거리(의 의미)   265

03 부동산사기꾼의 모습   268

04 부동산사기의 동기   273

05 떴다방의 패악과 갑을관계의 최후   280

06 지상최고의 리스크 치료약   284

07 모델하우스와 부동산입지   290

08 토지 크기와 성기 크기(성격의 넓이)   292

09 안전한 토지와 완전한 토지   295

10 실패를 자주 하는 사람의 특징   298

권말 부록
땅값상승률, 인구증가율 모두 높은 투자지역

01 용인의 지역 랜드 마크   308

02 하남의 지역 랜드 마크   312

03 화성의 지역 랜드 마크   317

04 평택의 지역 랜드 마크   324

05 시흥의 지역 랜드 마크   327

부록 총 정리
용인 시흥 화성 평택 하남 등 경기도에 투자자가
급증하는 건 경기도의 특징 때문이다.   330

不動産은 人生이다
Real Estate Is Life

Part_**01**

부동산은 사람이다
부동산은 자연이다

01

토지의 강점

우리나라 국토엔 자동차, 아파트, 토지 등이 넓게 분포되어 있다. 잠에서 깨어나면 늘 볼 수 있는 것들이라 희소성이 미미하다.

그렇지만 자동차와 아파트가 너무 많지만 토지를 많다고 말하진 않는다. 자동차는 완성품이고 아파트 역시 완성물이지만 토지는 미완성물이라는 특징 때문일 것이다. 늘 잠재력을 지니고 있다. 자동차는 대형 교통사고가 발생할 때 폐차의 대상이 된다. 이 땅에서 사라진다. 아파트에도 대형 화재가 발생한다면 이 역시 소멸대상이다. 뼈대만 남아 존재가치가 사라진다. 땅(대지 지분)만 남을 뿐이다. 토지는 대형 자연재해가 발생할 때 보존이 가능하다. 대지진이 발생해도 보존, 보지가 가능하다. 용도지역(기능. 소프트웨어)이 지진에 의해 사멸되지는 않기 때문이다. 하드웨어(그 자리) 가치에 별 문제 없다. 대지진으로 모양새만 변형될 뿐 존재가치(용도지역-건폐율과 용적률)의 수치엔 별 문제가 없다. 토지가 대자연이라는 증거다. 대자연의 대변자라는 증거다. 대자연은 영원히 사라질 수 없다. 토지와 대자연의 강점(특성)이다. 대변신의 대상물이 바로 토지이기도 하다. 개발대상물이기 때문에 가능한 시나리오다.

아파트건설에 도로가 필요하고 자동차 역시 도로를 필요로 한다. 도로 없는 자동차는 존재가치가 0이기 때문이다. 도로는 토지의 일부분(토지의 종류-지목)이다.

토지는 공급과잉 대상에서 제외된다. 공실률과 무관하다. 사용용도와 관련 있다. 상업지, 혹은 주거지로 활용할 것인지, 아니면 녹지 공간으로 보지할 것인지 그 미래가치는 다양하게 개방되어 있다. 개발입지에 의해 결정된다.

주택 - 활용가치(실활용의 대명사)에 지배 받는다.
주거인구가 활용대상자이고 입체적이라 입주행위가 가능하다.

토지 - 사용가치(용도)에 지배 받는다. 국가나 지자체, 개인이건 지주가 사용하여 희소가치를 높인다. 입주라는 말 대신 지역 입성이라는 말을 상용한다. 토지는 입체적일 수 없어서다. 주변가치에 지배를 받을 수밖에 없다.

주택은 입주자 역할에 의해 움직인다. 주택을 사용하면서 존재가치가 작동한다. 지주와 개발자(위정자)에 의해 동력을 발산하는 토지와 다른 것이다. 주택은 주거인구의 역할이 크나, 토지는 다양한 인구의 힘이 필요하다. 가치의 극대화를 위한 열의다. 토지는 역시 미완성물이기 때문이다.

땅의 보호자가 필요한데 그 보호자가 바로 지주와 개발자이다. 토지와 주택의 차이가 바로 개발자와 입주자, 미완성물과 완성물의 차이인 것이다.

■ 토지와 주택의 안전성

토지의 안전성과 주택의 안전성은 다르다.

주택의 안전성 – 주변 공기오염도와 소음, 도난 등의 문제에 크게 노출된다면 삶의 질이 떨어진다. 특히 도난의 위험에 크게 노출된 상태라면 경제적 손실뿐만 아니라 정신과 육체적 손실도 감수해야 할 것이다. 유독 살인사건이 많은 곳이 있다. 부자동네에 절도범이 기승을 부린다.

땅의 안전성 – 1. 작은 개발이 가능한지의 여부를 검토한다.

예) 건축행위(실수요자입장)

2. 큰 개발계획이 존재하는지 확인한다.

예) 국책사업(투자자입장)

집의 안전성 – 경제적 안전성보단 물리적 안전성이 중요하다
(예–자연재해에 노출되어 있는지 알아본다)

집은 실용가치(실수요가치–입주대상)의 대명사 아닌가.
땅의 안전성과 이중성을 무시하게 되면 큰 코 다칠 수 있다. 물리적 안전성보다 진보적(입지정보) 안전성에 집중해야 한다. 개발 및 동산화 가능여부 등을 분석, 검토한다. 개발의 타당성과 적합성 등에 집중한다.
토지는 개발(예–필지 및 획지분할과정)을 필요로 하는 미완성물이기 때문이다. 맹지와 접한 게 토지다. 그러나 맹지와 접한 주택은 존재하지 않는다. 길 없이, 도로 없인 건축이 불가능하기 때문이다. 물리적 안전성이 빵점이다. 집을 살 때 눈여겨볼 사안과 땅 살 때 살펴볼 사안은 사뭇 다르다. 완성도 높은 부동산과 완성도 낮은 부동산의 차이이리라.

집 – 대중교통의 다양성과 인구의 질을 살펴본다. 화려한 주택 대비 초라한 대중교통환경이라면 삶의 질이 낮아질 게 분명하기 때문이다.

땅 – 길이 중요, 필요하다. 용적률 등 크기(용도지역)보단 길(질)이
중요한 것이다. 작은 집조차 짓지 못하는 지경이라면 무용지물,
무가치한 법이다. 지역존재가치가 빵점이다.

02

경기도와 서울 사이

　　자유는 여유의 산물이고 여유와 자유는 치유의 다른 말이다.

자유와 여유는 인생의 목표다. 삶의 목적일 수 있기 때문이다. 그러나 이들은 서로 형제+견제관계를 항시 유지하고 있다. 방심하지 말아야 하는 이유다. 자유가 변질된다면 위기를 맞을 수 있다. 자유를 악용할 때 문제(시행착오)가 외부에 노출된다.

이런 측면에서 국토를 '자유의 공간' 과 '방임(방심)의 공간' 으로 분류할 수도 있을 법하다.

자유의 공간 – 예) 전원 공간(건강보지능력이 탁월한 공간)

방임의 공간 – 예) 도시 공간(육체적으로 건강에 적신호가 켜질 수 있다. 개발은 자연을 파괴하는 과정이기 때문이다. 개발과정에서 물이 오염되기 마련이다. 물은 산의 원자재다. 산의 자궁이자 고향인 셈이다)

자유의 공간(공원)은 건강 보호 능력이 뛰어나, 흙을 보호할 수 있는 곳이다. 비포장도로가 많아 교통소통이 힘들 수 있지만 대자연과의 소통을 통해 힐링을 만끽할 수 있다는 장점과 자신감을 가지고 있다.

국토의 문제점 – 서울의 집중도가 지나치게 높다. 그 관심도와 집중도를 분산하는 정책이 바로 국토균형발전계획이지만 성공하지 못하였다.

예) 국토를 서울과 '비서울' 혹은 경기 및 '비경기지역'으로 대별, 분리시킨다. 단절을 시킨다. 수도권과 비수도권으로 말이다. 연대, 연동할 수 없는 구조를 조장한다. 참여정부 때의 모토(국토균형발전)가 지금까지도 완성을 할 수 없는 이유이리라.

서울의 집중도가 높은 이유 – 언론과 전문가의 미래예측도구, 바로미터가 강남이기 때문이다. 강남 아파트가 대한민국 주거시설과 부동산을 대변한다. 그 파워를 인정받고 있기 때문이다. 강남의 주거인구의 파워가 대한민국을 대표하여 강남의 불패신화는 계속 이어질 것이다.

개발의 목적 – 자유와 여유의 공간 확보(개발의 효과는 편안함과 안락함이기 때문이다. 편안함을 통해 자유와 여유를 만끽할 수 있다. 서울 강남의 경제적 자유는 대한민국 최고다)

개발을 통해 돈을 많이 벌겠다는 건 어리석은 사고다.
그런 맘이 지속된다면 계속 돈만 벌겠다는 조급증이 생긴다. 조급증은 과욕 때문에 생기는 만성질환이다. 여유를 상실했을 때 발병한다.

서울 강남과 명동의 특성 – 유동인구가 증가하고 돈 사용량이 늘고 있다.
그러나 여유의 공간이라고 말하기 힘들다. 소비인구가 증가하다 보니 욕심이 욕망을 부른다.
재건축 대상지가 강남이라고 할 정도로 강남엔 개발 붐이 일고 있다. 가용 토지의 한계를 스스로 극복하려는 몸부림이다. 재개발공간이 많은 강북 대비 재건축 대상물이 많은 건 부동산역사 때문이다. 강북의 역사가 강남의 역사보다 훨씬 길다. 강남의 어머니가 강북인 셈이다. 즉 강북이 강남을 분만한 것이다. 한줄기다.
지금은 강남의 형이 강북이다. 즉 강남의 원자재가 바로 강북지역이라는 역사가 깊은 거대 공간인 것이다. 강남과 강북의 차이는 덩치 크기다. 거품의 크기다. '덩치'가 '가치'를 대신하고 있다. 곧 덩치가 용적률을 대신하고 가격이 가치를 대변하는 입장이다. 일단 가격수준이 높으면 가치도 높다는 인식이 다분하다.

경기도의 특성 – 여유공간과 개발공간이 공존한다. 두 가지 공간의 공유가 가능한 건 지역 특성 때문이다(서울엔 여유공간은 물론이고 개발공간도 부족한 지경).

중첩규제(수도권정비계획법)와 중첩개발이 가능하다. 개발의 전제조건은 다양한 인구구조 형성과 규제해제절차를 밟는 것 아닌가.

인구증가와 높은 해제가능성(높은 개발의 타당성), 이 두 가지가 그 누구도 누리기 힘든 경기도만의 강점이자 혜택이다.

■ 최고의 가치란?

아파트를 통해 투자가치의 극대화를 목격, 발견할 수 있었던 A씨와 아파트를 통해 투자가치의 극대화를 발견할 수 없었던 B씨(하우스푸어)의 처지가 사뭇 다른 지경.

경제부기자가 A씨에게 물었다.

"성공비결이 궁금합니다"

"전 아파트를 매수한 게 아니라, 자연의 가치를 매수 한 겁니다. 그랬더니 자연스럽게 아파트 주변의 자연의 가치가 훌륭하게 변해 있더군요"

A씨는 여유공간(대자연이라는 조망권)에 투자한 것이다.

기자가 하우스푸어 B씨에게도 물었다.

"실패 이유가 궁금합니다"

"과거 아파트 성공사례를 바탕으로 작금의 아파트 지경을 집중 분석했어요"

단순히 지상권만(하드웨어) 보고 아파트를 매입한 사람과 조망권이라는 새로운 권력을 발견한 사람과의 차이는 크다. 즉 일방적으로 조망권을 찾기보단 조망권의 재료가 무엇인지 바로 인지하는 게 아파트 매입자의 지상과제일 듯싶다.

요컨대 최고의 실수요가치란 '대자연의 가치를 보지, 숭상' 하는 것이다. 아파트 매수 시 자연에 투자하는 사람과 아파트에 투자하는 사람의 차이는 크다.

땅 투자자가 주변 상황을 보고 투자하는 것처럼 아파트 실수요자 역시 주변상황에 지배 받는다. 다만 땅 투자자는 주변인구와 부동산 공실여부에 집중해야 하고 집 매수자는 녹지(힐링)상황을 파악해야 실수를 줄일 수 있다. 만족감을 몸소 느낄 수 있는 것이다.

주택을 매입하는 사람은 두 가지 유형으로 분화될 수밖에 없는 것이다.

1. 주택가치에 투자하는 경우

예) 주택면적(규모)

2. 주변의 자연의 가치에 투자하는 경우

예) 녹지의 가치(치유의 공간)

물론 교통관계를 알아보는 건 당연지사다.
교통관계는 1의 상황과 2의 가치를 한껏 드높여주는 요소일 테니까. 교통관계가 부실하다면 1과 2의 기능은 무용지물이다.

아파트와 전원주택의 차이 – 대중성의 차이다.

대중교통의 다양성의 차이다.

전원도시가 화두인 것처럼 지금은 전원주택과 아파트를 조합시켜놓은 전원형아파트가 대세다. 마치 공장(일자리)과 아파트(잠자리)를 합해놓은 지식산업센터의 모양새인 것이다.

멀티역세권이 인기 있듯 멀티부동산의 기능도 기대되는 것이다. 이는 인구의 다양화를 기대할 수 있는 대목이다. 인구의 다양화는 부동산의 다변화(변수)나 환금화에 직접적으로 영향을 미칠 수 있는 힘이다.

03

전원주택은 자유에 투자하는 것

역세권 내에 전원주택 입성이 쉽지 않은 건, 오염도 높은(매연과 소음) 전원주택은 그 가치를 인정받기 힘들기 때문이다. 전원주택의 위치와 아파트의 위치의 차이다. 역세권과 전원주택 사이는 마치 물과 기름 사이 같다.

주거시설의 위치(입지) - 역세권 아파트와 역세권 단독주택은 존재할 수 있지만 역세권 전원주택은 존재할 수 없다. 전원주택의 가치와 특징 때문이다.

전원형아파트가 존재할 수 있는 건 조망권이라는 프리미엄이 존속할 수 있기 때문에 가능한 시나리오다. 아파트의 덩치(용적률) 때문에 가능한 시나리오이기도 하다. 아파트 자체가 지역 랜드마크가 될 수 있기 때문이다.

만약 역세권 내에 전원주택이 있다면 얼마 지나지 않아 단독주택으로 변형, 변질될 게 분명하다. 전원주택의 특징이 사라질 게 분명하기 때문이다. 드넓은 전원 공간 대비 전원주택은 소모품의 성질을 가지고 있기 때문이다. 전원주택은 하드웨어에 불과하지만 전원의 공간은 영원한 소프트웨어이기 때문이다.

전원주택의 특징 – 역사와의 높은 접근도보단 물과 산 등 자연과의 높은 접근성을 자랑거리로 삼는 게 전원주택이다.

전원주택의 특징과 아파트의 특징을 바로 인지할 수 있는 사람이 시행착오 겪지 않는 안전한 투자자다. 공통점과 차이점이 공존해서다. '차이'와 '사이'를 발견하는 게 투자자의 사명이자 의무이다. 투자과정 중 직무유기하면 큰 손해를 입을 수 있다. 전원도시는 도시와 시골 사이에 공존한다.

'사이'를 모색하는 것이다. 투자는 모색하는 과정이다. 여유와 자유를 함께 찾는 과정이다. 투자의 최종 안착지점 역시 자유다. 또 다른 형태의 자유인 것이다.

자유에 투자하라. 아마 후회할 확률이 매우 낮아질 것이다.

자유의 공간이 곧 대자연이다. 대자연은 대도시와 대기업의 영원한 원자재다. 대자연은 개발의 원동력이다. 대도시의 과거는 무조건 대자연이고 대기업은 대자연과 맹지를 개발하는 경제동물이기 때문이다.

여유의 시간으로, 여유자금으로, 여유의 마음으로 움직이지 않는다면 자유에 도달할 수가 없다. '작은 여유'에 투자해 '큰 여유'를 얻는 것이 투자(경제원리)다. 여유의 공간이 넓을수록 정신적으로나 육체적으로 모두 건강할 것이다. 여유를 찾을 수 있는 지혜의 도구가 바로 사랑(정)이다. '사랑'이 넘치는 곳엔 반드시 '사람'이 넘치게 되어 있다. 세상구조다.

전원주택과 아파트의 차이점은 무엇보다 여유의 차이인 것이다. 전원주택엔 여유가 넘치고 있으나 아파트엔 여유가 부족하다. 전매대상이 되기도 한다. 건설사 입김은 대단하다. 공간의 여유의 차이가 너무도 심하다. 하나는 오염도 높은 여유요 하나는 오염도 낮은 자유다.

필자가 볼 땐 '사랑'의 반대어는 '사기'라는 생각이 든다. 변질된 사랑이 사기이기 때문이다.

부동산을 진정으로 사랑하는 자는 절대로 사기와 무관하다. 사람을 사랑하는 경우도 마찬가지다. 단순히 부동산을 돈으로, 사람을 돈으로 인식한다면 착각과 오판을 하고 말 것이다. 사람의 역사는 짧지만 사랑의 역사는 길다. 거의 대자연의 역사와 비슷할 것으로 추정된다. 순수의 극치다. 사랑과 대자연의 처음은 없다. 물론 끝도 없다. 이들은 우리들의 영혼을 보지하는 알파요 오메가이기 때문이다. 사람을 찾기 전에 사랑, 즉 여유를 찾도록 노력하자.

작은 여유가 투자의 최소의 비용일 테니까.

큰 여유는 최고의 가치(결과, 효과)이기 때문이다. 작은 여유에 투자해 큰 여유를 맞이하자. 가슴 속에 명기해야 할 투자의 지론이다. 전원주택에 투자하는 건 자유에 투자하는 것이다. 전원주택은 대자연을 지혜로 삼는 주거시설이기 때문이다.

■ 실수요와 투자의 ABC

투자가치와 실수요가치를 구분할 수 있는 능력자가 진정한 투자자다. 구분 자체가 기본이기 때문이다. 구분 자체가 화려하지 않다. 투자의 ABC와 실수요의 ABC는 다르다. 뜻이 다르다.

'투자가치의 ABC'

Able(가능성과 잠재성), Action(가능성의 극대화—잠재성)

Balance(지속성과 형평성 논리) − 거품은 거래의 장애요소이므로

Control(지속성과 잠재성의 논리), Contact(연계 및 인접성, 접근성, 커넥션)

'실수요가치의 ABC'

A − Advice(아파트가 투자종목이 아니라는 사실을, 충고를 받아들일 수

있는 적극적인 용기가 필요하다. 하우스푸어를 줄일 수 있는 유일한 방도다)

B – Basic, Base(집은 의식주 중 주에 해당, 삶의 기본이다)

C – 코스모스(화합이 가능한 지경. 실수요가치를 인정하는 사람들과 조화+대화, 교화가 가능하다)

실수요가치와 투자가치가 정비례하는 세상이야 말로 삶의 가치가 최고일 것이다. 주거인구가 삶의 균형감각을 유지할 수 있는 것이다. 실수요 및 투자가치가 반비례한다면 거품의 온상으로 변질될 게 분명하다. 삶의 가치가 붕괴될 수 있다.

04

선택과 혜택

　　　　　필자 생각으로는 '혜택'의 다른 표현법은 '복을 받다'가 아닐까 싶다. 복은 순전히 하늘이 내려준다. 우선적으로 선택을 해야 혜택의 기회가 나에게 찾아온다. 선택은 덕을 온전히 베푸는 과정이다. 땅에서 인간들이 할 임무, 의무다. 선택과 혜택의 차이점을 제대로 인지하지 않는다면 만족스런 성공의 길을 갈 수 없다. 개인적으로 선택과 혜택 사이에서 방황하는 일이 없어야겠다.

선택은 투자요 혜택은 수익성과 관련 있다. 부동산투자 시 반드시 인지할 대목이다. 덕목이다.

선택은 결단력을 필요로 하는 여정이다. 내가 스스로 하지 않으면 안 된다. 누가 대신 할 수 없다. 나 믿고 따르라고? 천만의 말씀이다. 혜택은 하늘에 결정권이 있다. 선택권은 개인의 소관이지만 혜택은 개인의 몫이 아니다. 선택은 노력 대신 능력과 관련 있다. 투자 역시 노력이 아닌 능력과 연관성을 가지고 있다.

선택과 투자가 단순한 노력의 원리(결과)라면 누구나 투자자가 될 수 있을 것이다. 선택된 투자자가 능력자인 까닭이리라.

선택과 혜택의 차이는 선택의 범위는 광범위하지만 혜택 범위는 그 반대라는 사실이다. 희소성을 인정할 수가 있다. 채택(선발) 범위는 넓지 않다. 선발기준이 까다롭다.

예) 개발(선발)범위는 넓지 않다.

두 가지 이유 때문이다.

개발 대상지는 반드시 규제지역이고 규제지역이 해제지역으로 변모하기는 몹시 까다롭다. 개인적으로 사업성(경쟁가치, 경쟁력)을 견지해야 하고 국가적으로는 경제성(경제가치)을 따져봐야 하기 때문이다. 공익이 사익보다 우선이다. 한 사람(개인)의 일탈로 인해 여러 사람(국가와 사회)이 피해를 입는 일이 없어야 하기 때문이다.

두 가지 이유가 늘 개발의 발목을 잡는다.

1. 개발이란 대자연을 개혁하는 과정이기 때문(반드시 자연파괴과정을 거치기 마련이다)

2. 보호 범위 → 개발범위(개방면적)

'보호 = 규제'

'개발 = 해제'

선택의 조건 – 호기심 〉관심(실패율↑)

선택의 조건 – 호기심 〈 관심(실패율↓)

단순한 호기심으로 투자를 하면 낭패 보기 십상이다.

선택과 집중 모두가 중요하다. 아마 그 중요도의 비율은 5:5정
도를 벗어날 수 없을 것이다. 선택하기 전에도 집중해야 하고 선
택 이후에도 역시 집중해야 하기 때문이다. 잘못된 선택에 집중
한다면 큰 패악이 몰려온다. 장기간의 소모전으로 인한 회복불
능의 상태로 말이다. 패악의 면적이 광대하다.
부동산에서의 선택은 과정이다.
결과가 아닌, 노력과 열정이다. 부동산에서의 혜택이란 열정에
대한 보답이다. 결과와 성과다. 선택과정엔 판단력이 필요하고
혜택엔 자제력이 필요하다. 이 때에도 만족공부가 필요한 것이
다. 잘못된 선택을 사전에 방어하기 위함이다. 잘못된 선택의 길
은 혜택보단 피해를 볼 수 있는 상황. 개인이건 국가건 회복불능
의 사태가 벌어진다.

부동산 선택의 조건 – 박학다식하기 보단 핵심(중심) 모색에 열정을 쏟아야 한다. 중심(허리)이 붕괴되면 끝이다.

만남과 인연은 선택을 통해 발효한다. 혜택은 만남과 인연의 과정과 열정 속에서 재탄생할 수 있는 기회다. 우리는 부동산 뿐 아니라 옷 문화와 음식문화와도 인연을 맺는다. 진화하고 있는 옷과 음식에 비해 부동산의 진화과정은 순탄치 않다.

양보다 질로 승부를 거는 시대다. 멋과 맛을 숭상하는 시대다. 많이 먹는 것보다, 많은 부동산을 보유하는 것보다 양질의 문화를 흡수할 수 있는 실력가가 되어야 한다. 아파트의 경우 디자인 등 외모보단 실속에 집중할 필요가 있다. 미분양사태를 줄이는 방안이다.

디자인의 가치도 중요하겠지만 거품가격과 더불어, 수요와 공급에도 신경 쓰지 않으면 안 된다. 디자인을 통해 가격의 변화, 즉 거품을 유발, 촉발할 수도 있는 법.

가격의 변화보단 진화에 신경 쓰지 않으면 안 된다. 즉 부동산에 대한 가성비에 집중하자는 것이다.

『부동산 진보의 도구 – 인구와 연구과정』

부동산에 관한 연구를 계속하고 인구가 꾸준히 늘어나야 지역가치가 꾸준히 높아지기 때문이다. 가치에 대한 연구과정이 필요하고 인구 연구 여정 또한 필요한 주요사안이다.

부동산 정보 그 이상으로 중요한 도구가 바로 인구와 연구를 향한 멈출 수 없는 열의이다. LH직원이나 공무원처럼 범민들은 개발정보를 흡수(입수)할 수가 없으니 말이다.

부동산 가격변화보단 진화에 집중할 수 있는 사람이 바로 진정한 투자자의 모습일 것이다. 자제능력이 없는 사람과 만족공부를 제대로 할 수 없는 사람은 투자하면 안 된다. 과욕이 심한 사람도 투자하면 안 된다. 변별력과 판단력, 지속력 모두가 낮아 리스크가 커서다. 욕심에 중독된 자들에겐 '과욕 연구'를 꾸준히 전개(소개)할 필요가 있다. 실패자 대다수는 '자기만족 공부'를 생략했다.

■ 진정한 부동산 규제의 의미

풍부한 자금력, 풍부한 상상력과 창의력, 풍부한 잠재력, 풍부한 자제력과 자정능력, 그리고 풍부한 노동력과 현명한 판단력과 변별력(선별력) 등은 투자전선에서 필요로 하는 무수한 힘이다. 우수한 힘이다. 풍부한 상상력을 지닌 사람은 땅 투자자가 될 확률이 높다. 땅은 잠재력의 화신이기 때문이다.

무에서 유를 창출한다. 상상력의 바른 결과물(성과, 효과)이 곧 뛰어난 잠재력의 발휘 아닌가. 상상력을 상실한 자는 잠재력의 특성을 이해할 수 없다. 상상력은 잠재력의 원자재이기 때문이다.

종교와 부동산의 공통점 – 행복(끝없는 욕망)에 투자하는 과정이라는 것

종교 – 끝없는 진리의 추구, 요구
부동산 – 끝없이 펼쳐진 잠재력에 대한 요구(촉구)

부동산구도 – 큰 공간과 작은 공간으로 분류

『부동산의 큰 공간 – 무수한 작은 공간 외의 것들』

큰 공간은 자제력은 낮지만 작은 공간들을 보호, 보지할 수 있는 힘을 가지고 있는 것이다. 그 구도가 작은 공간들을 감싼 형태이기 때문이다. 큰 공간은 하나이지 둘일 수는 없다. 대자연이 곧 부동산의 큰 공간이니까. 하늘도 하나이고 대자연도 하나이다. 둘이라고 억지 부리는 자는 사기꾼이다.
부동산, 하늘, 대자연은 모두가 서로 연결된 상태다. 떨어지는 경우는 없다. 마치 공기(대기상태)가 하나인 양 말이다. 공중권과

지상권 역시 하나의 몸이다.

작은 공간의 의미 – 예) 상가나 집합건물 등

큰 공간 – 대자연의 극치(가치), 가치의 끝이 안 보인다.
재건축이나 재개발이 불가능하니까. 하늘을 재건축하거나 재개
발하는 자는 종교사기꾼이다.

작은 공간 – 도시공간의 극치. 끝이 보인다. 재건축이나 재개발
과정을 밟는다.

결국 부동산은 작은 공간과 큰 공간이 공유+공존하여 각자 역할
(존재감)을 발산한다. 발휘한다.
중요한 건 큰 공간은 영원할 수 있으나 작은 공간들은 비교적 단
명이라는 사실이다. 큰 공간을 규제(장기규제)하는 이유다. 큰 공
간을 통해 작은 공간이 발현하는 법이니까.
큰 공간(대자연)을 통해 개발과정을 밟는 것이기 때문이다.
미연에 사고(난개발 등)를 방어, 방지한다는 의미에서 규제의 사
슬을 가하는 것이다. 대자연은 개발대상이자 보호와 관찰대상
(규제의 대상)이다. 이중성을 잠재성으로 발효+발전시키는 사람이
개발자다. 개별적으로 개발의 타당성과 이중성, 이 두 가지를 제

대로 인지할 수 있는 능력을 배양할 필요가 있다.

큰 공간을 규제하는 경우 - 예) 개발제한구역이나 군사시설보호
구역지정

작은 공간을 규제하는 경우 - 예) 토지거래허가구역이나 개발행
위허가제한지역지정

05

복덕방(주인과 주인공)이 사라진 이유

　　　　부동산에 관심이 깊다는 건 호기심이 풍부하다는 증거다. 호기심과 관심은 용기와 관련 있고 호기심(관심)은 호기(기회)를 만드는 도구가 되고 있다. 진보의 기회로 활용하는 자가 성공투자자다.

무관심은 호기를 만들 수 없다. 그것은 퇴보의 길이기 때문이다. 무관심(부동산에 관한 불감증)과 조급증은 만성질환으로 고질병 중 하나다. 반복적인 여행 혹은 답사를 통해 대자연의 가치를 발견해야 한다. 즉 대자연을 보면서 치유(힐링) 하라는 것이다.

「무관심과 조급증 치료제 – 대도시의 재료인 '대자연의 가치를 발견' 하는 것」

조급증 = 실패의 이유(예–투기), **불감증** = 퇴보의 자세(길)

부동산에 관심 없다고 말하는 사람이 있다. 거짓말이다. 의식주 중 주가 부동산 아닌가. 매일 접하는 게 부동산인데 어떻게 나 몰라라 할 수가 있겠는가. 인간이 욕심이 없다는 건 거짓말이다. 인간은 생명이 있는 한 욕망이 없을 수 없다. 부동산에 관심이 없다는 건 건강하지 못하다는 증거다. 정신적으로 건강하지 않다. 인생 포기자의 모습이다.

인간의 두 가지 욕망은 성욕과 식욕이기 때문이다. 건강의 척도 (기준)가 이 두 가지 욕망이다.

두 가지 욕망이 죽은 상태가 바로 병든 자의 특징인 것이다.

우리는 매일 부동산과 더불어 언론(아파트기사는 단골메뉴)을 접한다. 인터넷에 크게 노출된 지경이다. 가짜기사와 뉴스에 크게 노출되어 있다. 쓰레기기사가 범람하고 있다. 투자란 병든 기사와 건강한 기사를 잘 분간할 수 있는 판단력이 요구되는 지점이다.

훌륭한 기사 – 발로 쓴 기사

쓰레기 기사 – 손으로 쓴 기사(가짜뉴스)

가짜기사와 뉴스는 컴퓨터 앞에서 팩트 체크하지 않은 상태에서 나온다.

훌륭한 투자자 – 움직이는 자(현장답사와 검사를 반복한다)

실패한 투자자 - 컴퓨터 앞에서 정보 검색하는 자(쓰레기기사를 맹신한다)

'자유'를 발견하는 자 - 성공투자자(예-경제적 자유와 정신적 여유를 서로 연계)

자유는 행복의 재료다. 행복한 투자란 '자유를 찾는 것'이고 불행한 투자는 자유가 목적이 아닌 경우이다.

행복은 발견의 대상이자 발명(창조와 기회)의 대상이다.

행복을 발견 할 수 없는 자는 실패자다. 실패자가 불행한 이유다.

행복의 성격≒투자의 품격

(돈이 바로 행복감의 재료이자 재테크 재료이기 때문)

돈 없이 행복 할 수 있는가. 여윳돈 없이 투자 할 수 있는가.

덕(德) - 찾는 것, 쓰는 것(사용의 대상이라 방치하면 안 된다)

복(福) - 하늘에서 내려주는 눈과 비 같은 존재다. 큰 선물이다.

복덕방 = 편안한 평화로운 방

(복과 덕이 만나는 공간이기 때문이다. 복덕방이 사라진 것은 복과 덕이 이별했기 때문이다. 즉 덕을 베풀지 않은 상태에서 하늘의 복만 바라는 행태가 문제인 것이다)

덕은 현실이고 복은 미래다. '현재'를 해결(해답) 해야 '미래가치'를 예감 할 수 있다.

현재 – 덕을 사용 할 수 있는 시간
미래가치 – 복을 사용 할 수 있는 기회

덕을 쌓으면, 즉 덕에 투자하면 복(호기)이 찾아온다. 스트레스 쌓이면 불행이 엄습한다.

잘못된 국토 구분법 – 실수의 이유

1. 실패의 공간

2. 성공의 공간

투자자가 인식해야 하는 건 실패의 공간이 성공의 공간으로 변할 수 있다는 사실이다. 위기 다음에 호기가 찾아온다. 지역변화와 인구변화 때문. 순리다.

나쁜 땅은 없다.

왜냐, 땅은 주변가치와 변수에 따라 팔자가 바뀌기 때문이다. 나쁜 땅이라고 함부로 단정 짓지 못하는 이유다.

나쁜 사람도 없다.

주변사람에 의해 개과천선 할 수도 있지 않은가!

땅이건 사람이건 주변사람들의 인성에 의해 변화하거나 진화한다.

'인간' 은 '항상' 좋을 수 없다. 인간은 시간과 공간에 지배 받는 대상이기 때문이다. 시간과 공간을 점유, 소유하는 게 인간이다. 인간의 가치를 판단 할 수 있는 기준이 있다.

학력 〈 **경력**(학식과 지식보단 지혜와 경험을 우선시 한다)

시간은 돈으로 살 수 없기 때문이다. 상식은 지식과 다르기 때문이다. 지식은 돈으로 살 수 있지만 상식은 돈으로 살 수 없기 때문이다. 지식이 풍부한 사람 중엔 상식을 파괴하는 경우가 너무 많다.

복덕방과 복부인 – 아파트거품을 조장했던 흑역사로 인해 홍역을 단단히 치르고 있는 실정

복덕방의 잔상 = 복부인(졸부)의 존재 이유

복덕방의 재료 - 복부인(들)

경기도에 땅 투자자가 몰리는 이유 - 1. 경기도 아파트 비율이 무려 80%!!

2. 서울의 아파트거품

복부인의 서식처 - 서울 일대

복부인이 환영 받지 못하고 복덕방이 사라진 이유 - 아파트의 미분양현상과 거품 때문이다. 미분양의 원인은 거품 때문이다. 아파트거품은 어디에서나 발생 할 수가 있다.

'역세권' 아파트 - 예) 경기광주역

'조망권' 아파트 - 예) 양평역세권

'역세권과 조망권 사이'의 아파트 - 그 범위(공간)가 광대하다

역세권 범위와 조망권 범위는 광대할수록 유리하다. 기회의 땅이 증가 할 수 있기 때문이다.

예) 직접역세권과 간접역세권, 직접조망권과 간접조망권

직접역세권은 그 기준이 존재하나, 간접역세권은 그렇지 않다. 조망권 범위는 기준이 없다. 대자연의 가치는 광대하기 때문이다.

역세권 – '인구'로 가치를 판단한다. 자연의 가치보단 인구의 가치에 집중하는 이유다.

조망권 – '자연'의 가치로 판단한다. 인구의 가치보단 자연의 가치를 숭상, 숭배한다. 복덕방 주인이 사라진 건 큰 착각 때문이다.

예) 투자+객기(오기)=투기

투자+사기(시기+질투)=투기

아파트 – 거품의 온상, 복부인의 먹잇감

일부에서 일어나는 현상이겠지만 아파트부녀회가 복부인을 자처하는 것도 문제다. 복부인은 거품제조기이기 때문이다. 복덕방 주인과 주인공이 이 땅에서 사멸된 이유이리라

06

전원도시의 미래

　　바야흐로 전원도시가 새로운 투자처로 각광받을 것으로 전망되는데 이는 작금의 전원 및 장수시대와 무관치 않다. 웰빙과 힐링을 제외한 부동산과 그 삶은 무의미하다. 무미건조하다. 무조건 오래 사는 게 아니라, 삶의 질과 실용성을 우위에 두는 것이다.

건강장수시대를 살고자 전원도시를 모색하는 인간은 흙으로부터 와서 흙으로 돌아가는 존재 아닌가.

전원도시생활은 젊은 사람과 직장인도 가능하다. 도시와의 높은 접근도가 강점이다. 도시 속은 접근도가 높은 대신 환경오염도가 높아 건강을 보장 받을 길이 없다. 우후죽순 식으로 지어대는 마천루와 키 큰 아파트로 말미암아 정신 건강에 적신호가 켜질 지경이다.

전원도시의 투자가치에 대한 기대감과 욕정이 넘치는 이유는 전원도시는 도시의 가치와 시골(전원생활)의 가치를 동시에 품을 수 있는 여유로운 도시이기 때문이다.

도시의 가치 – 투자가치가 높을 수 있는데 이는 인구의 다양성과 맞물리기 때문이다.

시골의 가치 – 실수요가치가 높은데 이는 인구감소가 예상되기 때문이다.

투자가치의 크기는 인구증감현상에 따라 달라지나, 실수요가치의 크기는 인구의 증감현상과 무관하다. 외려 인구가 증가한다면 환경오염도가 높아져 전원생활에 악영향이 미칠 게 분명하다. 전원생활이 불가능하다. 전원생활의 강점이 약화되기 때문이다.

도시의 가치 – 여유 공간이 넓지 않은 건 작은 공간마저 용도 변경하여 키 큰 부동산들로 채우려 애쓰는 인구가 폭증해서다.
지역 간 접근도가 높지만 환경오염도가 높아 건강보지능력을 상실하고 만다. 도시인의 평균수명은 낮을뿐더러 건강상태도 양호할 수 없다. 전원공간이 힐링과 웰빙을 쌓는 공간이라면 도시공간은 스트레스와 유동인구가 쌓이는 공간이기 때문이다.

시골의 가치 – 여유 공간인 녹지공간을 다양한 방도로 확보한 상태. 광활하다. 당연히 자연히 대기(공기)상태가 좋아질 수밖에 없다. 도시환경과 차별된다.

지역 간 접근도가 높지 않아 환경오염도 역시 높지 않다. 건강보지능력이 높아 인구흡수력이 갈수록 높아질 게 분명하다. 다만 경기지역으로 집중적으로 몰릴 수 있다는 점이 맹점이다.

수도권(서울+경기+인천)의 파워와 희소가치가 갈수록 강대해지는 이유이리라.

「전원도시 = 시골의 환경성+도시의 접근성」

단, 시골이 차지하는 비율이 훨씬 넓다. 전원이 우선이라 '전원도시'라고 명명한 것. '도시전원'이라고 명명하지 않는다.

전원의 미래가 도시요 도시의 과거가 전원일 수 있으나, 국토 대부분이 '전원공간'이라는 사실을 외관상 입증하고 있다.

그 사실을 완강히 외면하거나 거절할 수 없다. 산지가 63%를 차지하고 농지(전답 과수원 목장용지)가 약 20%를 국토 전면을 점령하고 있기 때문이다. 대자연을 외면한 전원도시생활은 존재할 수 없다. 대자연(전원공간)이 적극 참여하는 전원 위주의 전원도시생활에 집중할 필요가 있다. 전원도시에 거품이 들어갈 필요가 없는 이유다. 대자연의 가치를 돈으로 승화, 변질시키는 행위는 금물이다. 조망권(대자연)을 악용하면 안 된다. 가치를 변질하는 것이기 때문이다. 대자연 속에 떴다방이 입성하는 일은 허용,

용납 할 수가 없다.

대자연은 돈으로 표현하기보단 삶의 질로 포효하는 게 아름답다. 대자연은 영원한 실수요가치이자 행복 공간 아닌가. 여유의 대명사가 대자연인데 그걸 돈으로 환산한다는 환상 자체가 무모하다. 무의미하다. 도시 속 공실현상보단 대자연 속 공실현상은 더욱더 험악하다는 사실을 바로 인지할 필요가 있다. 자연이 죽으면 결국 인간도 죽기 때문이다. 대한민국 국민 90% 이상이 여전히 도시지역에 집중 몰려 있다는 사실은 반드시 우리 스스로 풀어야 할 지상명제다. 자연의 건강과 사람의 건강을 모두 지키는 일이기 때문이다.

■ **부동산의 재료**

'대자연상태' 가 '부동산의 재료' 라면 '지역 랜드 마크' 는 '투자가치의 원자재' 가 될 법하다.

『**지역 랜드 마크의 재료 – 자연환경**』

지역 랜드 마크는 부동산 희소가치의 재료이자 투자의 도구로서 부동산마니아라면 자연스럽게 그 집중도와 관심도가 높을 수밖에 없다. 지역 랜드 마크의 재료가 자연환경이기 때문이다.

대학교 역시 지역 랜드 마크가 될 수 있다. 한 지역의 젊은 동력이 그 지역의 아이콘인 셈이다. 대학교와 더불어 대기업도 지역 아이콘으로 대세다.

우리나라 6대 광역시는 모두 지역명을 통해 지역 랜드 마크를 외부로 널리 알리고 있다. 인구규모와 대학교의 존재감과 현장감은 정비례, 연계된다.

울산광역시 – 울산대학교

광주광역시 – 광주대학교

대전광역시 – 대전대학교

인천광역시 – 인천대학교

부산광역시 – 부산대학교

대구광역시 – 대구대학교

그러나 괴산군엔 괴산대가 없고 우리나라 기초 자치단체 중 인구규모가 가장 작은 영양군의 경우에도 영양대학교가 없다. 인구가 지속적으로 증가하는 경기도의 경우 인구규모와 대학이름이 반드시 연계하는 건 아니다. 인구 46만 명의 파주시엔 파주대가 없고 거대도시 고양시에도 고양대는 없다.

한 지역의 가치와 명성도를 알리는 방법 중 하나가 바로 대학이름을 통해 지역홍보과정을 거치는 것이다. 우수한 인재와 자산을 모집할 수 있는 기회다.

초등학교나 고등학교가 지역 랜드 마크가 되는 경우는 없다. 지역 대표성이 미미하고 규제가 심한 편이라서다(예-학교환경위생정화구역).

대학의 종류 – 지방대와 서울의 대학

부동산의 종류 – 아파트와 토지 (또는 수도권아파트와 지방아파트)

사람(인구) – 부자와 서민, 노인인구와 출산가능인구

모든 상황과 사안을 흑백논리로 접근하는 게 현실.

조급증이 낳은 패악, 폐단 중 하나이리라.

흑백논리로 접근하는 건 지나친 선입견이라 진보적이지 못한 정신자세다. 변수라는 새로운 형식의 기회를 만나볼 수 없는 상황이기 때문이다. 흑백논리 대신 순리에 순응하는 게 원칙, 철칙이리라. 호기를 포기하는 사고의 행동과 습관이 발전을 막는다.

지역아이콘 – 교육시설, 종교시설, 주거시설, 상업 및 휴양시설, 군사시설 ...

교육시설이 지역아이콘인 이유는 교육은 국민의 의무 중 하나이기 때문이다. 군사시설도 지역아이콘으로 자리 잡았다. 국방은 국민의 사명이기 때문이다. 휴양시설도 지역아이콘이 될 수 있다. 자연환경보전 역시 국민의 의무 중 하나이다. 국방이 나라를 지키는 것이라면 환경보전은 국민의 건강과 생명을 지키는 일이다.

의식주와 더불어 국민의 6대 의무와 부동산의 존재감은 서로 연결된다. 근로의 의무, 납세의 의무, 국방의 의무와 교육의 의무, 재산권행사 및 환경보전의 의무 등 국민의 '의무'에서 부동산의 생존법칙과 '의미'를 찾을 수 있다.

조망권(산과 물)은 지역 랜드 마크이자 프리미엄의 재료로 통용된다. 조망권은 새로운 활력과 권리를 양산한다.

'권리'를 선용한다면 그게 '진리'다.

1. **생존권** – 삶의 질(인간의 건강과 직결된다)

2. **경제권** – 돈의 질(조망권이 프리미엄의 재료로 응용된다)

지상권은 부동산 가격거품을 조장하는 프리미엄 역할을 할 수 없지만 조망권은 프리미엄의 강력한 재료(용도)로 사용되고 있다. 지상권이 진화한 게 바로 조망권이기 때문에 가능한 것이다.

교통환경과 교육환경, 그리고 자연환경 등 세 가지 환경조건은 서로 연계 관계에 놓여 있지만 자연환경 없는 교통환경과 교육환경은 존재하지 않는다.

세 가지 모토의 환경조건을 통해 투자 및 희소가치를 극대화 할수가 있다. 지역발전의 원동력이기 때문이다. 도시공간 안에 녹지공간이 있는 게 아니라, 녹지공간 안에 도시공간이 존속하는 법. 순리다. 여유공간인 녹지공간은 광대하나, 도시공간은 자유공간이 절대로 될 수 없다. 도시공간의 특징 때문이다. 도시공간엔 인구가 집중적으로 몰려 반드시 인구가 폭증하기 마련이다. 인구밀도가 높아 포화 상태를 유지한다.

녹지공간은 자연환경의 다른 말. 도시공간은 자연파괴와 붕괴의 다른 말!

『도로환경 - '개발'의 다른 말(도로개혁, 도로개방)』

신작로를 통해 지역환경의 진화를 시도, 시행한다.

용도지역의 변화가 그 실례(=건폐율과 용적률의 변화).

변수가 만연하는 시장에서 '경제논리'는 지역통계와 수치보단 '지역심리'와 연계된다. 정서적 상황이 물리적 상황을 압도하기 때문이다. 아무리 투자가치가 높아도 외부의 압박과 압력(예-그 땅 사면 큰일 난다!)이 심하면 투자를 포기하게 된다. 작은 소리에 마음을 뺏

긴다. 자신만의 노하우와 철칙(철학)이 없어서 일어난 사태다.

지역가치의 가늠자 - 젊은 동력

예) 대학교의 역할

1. 서울 소재 대학(63개 대학을 보유 중)

2. 지방대(경기도 소재의 대학도 지방의 일부분으로 여기는 게 현실. 서울 소재가 아니라는 이유 때문이다) - 경기도 소재의 대학을 지방의 일부분으로 여기는 건 지나친 고착관념! 또 다른 기회를 포기하는 행위이기 때문이다. 지방대에서 잠재력 높은 인재가 속출할 수도 있다.

『**대도시의 재료 = 대학교+대기업+사용량이 많은 도로 환경**』

중소도시의 재료 - 대학교와 대기업 대신 자연환경에 치중
도시의 재료 - 주거인구와 유동인구 관계 정립(+역세권)

전원도시의 재료 - 자연환경과 도시환경의 연계
시골의 재료 - 흙, 돌, 물...

07

부동산과 건강상태

I T – 정보통신
BT – 생명공학
ET – 환경공학
NT – 자연공학(작금은 전원시대. 전원도시가 급증세, 대세이므로 자연
공학의 존재감이 극대화되는 지경)

사람의 건강상태를 수시로 체크+노크할 수 있는 부위 – 입술(입구).
항상 입술이 젖어있는 상태이어야 건강한 것이다. 마른 상태는
병이 들었다는 증거다.

부동산의 건강상황을 인지할 수 있는 힘 – 길(과의 연계성), 입구.
신설했을 때의 모습을 장기간 유지했다면 실패한 길이다. 사용
가치가 낮다면 존재가치 자체가 사치 아닌가. 길은 항상 교통량
이 많아 상처가 많아야 한다. 자연재해로 입은 상처보단 사용량
이 많아 입은 상처가 영광스럽다. 그것이야 말로 바로 진정한 도

로의 가치이기 때문이다. 사용할 수 없는 도로는 절망적인 맹지 상태다. 장식품에 불과하다.

관상용 도로는 무용지물이다. 그런 시설물은 지역애물이기 때문!!

땅의 건강상태 역시 길(과의 연계성)을 통해 감지, 감식할 수가 있다. IT, BT 등도 길 역할에 지배 받는다.

부동산의 길은 사람의 입술역할을 하고 있다. 먹고 말하기(소통 과정) 등 다용도로 활용도가 높기 때문이다.

부동산에 관한 건강상태는 실수요자입장과 투자자입장 간 간극 차가 큰 편이다. 실수요자가 원하는 부동산의 높은 가치란 대자연의 보지상태지만 투자자는 다르기 때문이다. 투자자는 환경오염도가 높더라도 접근성과 교통이 우선이다. 다양한 교통수단과 노선에 따라 돈을 활용 할 수 있기 때문이다.

삶의 질적 가치를 높이는데 정진하는 자가 실수요자요 접근성과 인구증가현상에 집중하는 자가 투자자인 것이다. 첨단산업단지가 내가 살고 있는 아파트단지 근처에 다양하게 다량 입성하여 자연환경이 파괴, 붕괴 되어도 집값만 오른다면 만사오케이다. 투자자의 그릇된 정신자세다. 돈으로 말미암아 소중한 가치를 포기하는 것이기 때문에 하는 말이다. 건강장수지역에서 제외될 수도 있다. 지역의 지속성과 지속력에 문제가 생기기 십상이다.

지역성질이 변질된다면 당연히 자연히 그곳은 지역잠재력을 상실하기 마련이다. 지역잠재력은 지역사용자인 해당지역주민들의 인간성과 능력에 의해 발현되는 힘이다.

작은 부동산과 대자연이 교화(조화)한 상황에서 작은 인구를 반기는 구조와, 키 큰 부동산과 자연환경파괴현상이 공존하는 (큰 인구를 바라는 상황) 구조 중 당신은 어떤 구조(이익)를 따를 것인가? 건강한 자본을 선택할 것인지, 아니면 병든 자본과 자연을 선택할 것인지 올바른 판단력을 발휘할 때가 바로 지금이리라.

■ 부동산투자와 대자연

대자연의 상태는 마치 순수음악(고전음악)과 같지만 대자연에서 파생된 상황은 대중음악(현대음악)의 성질과 같다. 순수음악은 기본, 기초이기 때문이다. 음악의 근간이다. 대중음악이 존재하기까지 순수음악의 역할이 큰 것이다. 같은 이치로 도시 발전이 존재하기까지 대자연의 역할은 크다.

세월(시대)의 변화(변수)를 속일 수 없듯 날씨의 변수를 속일 수 없다. 세월과 시간이 곧 대자연의 가치를 의미하는 것이다. 대자연은 순수함을 의미하기도 한다. 순수하지 않으면 자연이 아니니까. 자연의 역사는 매우 길고 깊다. '처음'을 의미하기 때문이다.

'그 처음'이 언제부터인지 인간은 모른다. 그래서 자연의 위대함을 숭상하는 것이다. 자연 앞에 겸손할 수밖에 없다. 대자연의 현장감 속에서 정의감과 경외감을 함께 느낀다.

자연은 보호대상이지 결코 개발의 대상은 아닐 것이다. 그래서 규제(예-그린벨트 등 장기규제)가 존재하는 것이다.

투자자가 규제의 존재가치의 필요성에 대하여 반드시 숙고해야 하는 건 개발과정에서 규제가 필요하기 때문이다. 가령 토지거래허가구역지정을 통해 흥분된 기분을 진정시켜 거품수위를 조절한다. 그러나 규제기간이 정해진 단기규제가 난발되면 그 효력이 미미하다. 국민들에게 내성이 생겨서다. 규제효과가 낮다면 더 큰 거품이 주입될 수 있다.

'규제'는 보호의 개념이 강하다. '해제'는 개발의 의미가 강하다. 서로 극과 극이나, 서로 붙어 있는 관계다. 상호보완관계다. 유전자가 같은 형제관계이자 견제관계다. 규제가 해제가 되고 해제가 규제도 되기 때문이다.

수시로 변한다.

대자연 앞에 항시 인간(인구)이 존재하기 때문이다. 규제는 인간이 만들어놓은 장단기 규칙이다. 약속의 일종이다.

부동산투자자는 순수음악인 땅(대자연)을 제대로 노래(인식+표현)할 수 있어야 한다. 기초인 토지(생지)부터 제대로 인지할 수 있어야 한다. 기초를 모른다면 실수할 확률이 높아서다.

'기초' 는 '완성품의 재료' 이다.

땅(대자연의 일부 혹은 전부)은 모든 부동산을 움직이는 원자재다. 대자연은 인간의 재료이자 부동산의 근간이다. 대자연이 없는 상태에선 인간은 한시도 존재할 수 없어서다. 부동산투자가 곧 대자연을 상대로 한바탕 전쟁을 치르는 것이다. 개발지역에 투자자가 몰리기 때문이다.

투자의 길은 결코 만만치 않은 길이다. 대자연의 이중성 때문이다. 개발대상이자 보호대상이기 때문이다. 인간이 반드시 필요로 하는 대목이다. 규칙적이고 지속적인 규제공부와 연구가 필요한 이유다.

08

소프트웨어에 투자할 수 있어야 한다

투자자는 부동산과 관련된 소프트웨어와 하드웨어를 구별 할 수 있는 분별력이 필요하다. 투자자가 실수요자 행세(행동)를 하는 건 마치 하드웨어를 소프트웨어로 인지하는 것과 같아 위험천만하다. 큰 착각이기 때문이다. 실패의 요인이다.

그림(개발조감도)의 종류와 재료

1. 하드웨어 - 붓, 켄트지(백지), 물감

2. 소프트웨어 - 대자연(공간, 공기), 인간, 시간

개발청사진(조감도)의 재료

1. 붓 - 기획과정과 시간 등이 포함 된다

2. 켄트지(백지) - 토지, 생지, 대자연

3. 물감 - 공간, 공기(오염된 공기와 공간은 더러운 개발재료로 부실공사를 유발한다)

공급과잉현상(공실이 문제)이 심각한 현재의 상태가 바로 하드웨어를 사용할 수 있는 긴요한 긴박한 상황이다. 대자연을 사용할 수 있는 대상은 인간(건설사)이다. 다만 업자들에겐 책임감과 사명감이 긴요하다. 부동산에 대한 실용등급과 신용등급이 서로 연계 관계에 놓여 있다는 사실을 잊지 말지어다. 실용적이라면 당연히 신용도가 높아지기 마련이다. 공실과 미분양을 박멸하는 계기가 된다.

『지역 랜드 마크의 재료 - 개발청사진과 현재가치』

켄트지 - 그림이나 제도에 쓰이는 고급종이(대지 혹은 접근도 높은 맹지상태)

『거품지역에 투자하는 기간 = 투병기간(거품은 고질병이기 때문이다. 조급증이 심한 상태다)』

시가와 호가(거품가격)의 차이점 – 단기간 내에 주입하는 건 거품가격(시시때때로 변하는 호가)이지만 장기간에 걸쳐 형성된 가격은 시가이다. 부동산투기가 나쁜 이유다.

투기란 단기간 내 거품을 주입시키는 해악이다. 투자는 장기간 내에 시가를 형성한다. 단기간 내에 큰 수익을 얻는 자를 투자자라고 하지 않는 이유이리라. 거품이라는 고질병과 악성 세균(루머)을 마구 퍼뜨렸기 때문이다. 벼락부자를 투자자라고 말하지 않는 건 노력과 땀을 사용하지 않았기 때문이다. 투자는 반드시 땀을 동반한다.

땅은 땀의 소산이다.

땀(노력과 능력, 실력-노하우)을 중략한 투자는 투기다. 객기다.

개발청사진의 약점 – 거짓말이 들어간다. 과대포장이 들어가기 때문이다. 이동복덕방들의 개발청사진의 재료가 되기도 하는 '거품가격'은 거짓말이 포함되어 있어 거래에 장애요소가 되고 있다.

기획부동산의 성격 = 개발청사진의 성격

(개발청사진이 없는 기획부동산은 존재할 수 없기 때문)

기획부동산과 개발청사진은 하나다. 한 몸이다. 분리될 수 없어 공통점을 가지게 된다. 기획과정과 개발과정은 연결되기 때문이다. 마치 큰 길과 작은 길이 서로 연결되어 있듯 기획 및 개발도 연결된다. 큰 길이 개발과정이라면 작은 길은 구체적인 기획의 여정이라 보면 틀림없을 것이다.

안타까운 점은 기획 및 개발은 거품이라는 개념이 주입되기 마련이라는 사실이다. 인간의 힘으로는 변화의 힘을 막을 길이 없다. 기획 및 개발단계에서 이미 거품이 주입되는 바람에 거래절벽이 형성되는 경우도 다반사다.

'거래절벽'이 심각한 건 '인구절벽'과 바로 연결되기 때문이다. 인구가 감소하면 당연히 자연히 거래량이 감소하기 마련이다.

개발청사진을 그릴 때 그림 배치(위치)가 중요하다. 붓 사용자의 기술이 필요하다. 아무리 좋은 도화지와 물감이 있다고 해도 붓 사용을 잘못하면 무의미하다. 처음부터 다시 그려야 한다. 개발의 시발점은 필지 및 획지분할과정이다. 물론 입지선정과 선택도 중요한 대목이다.

요컨대 기술성과 예술성이 하나가 되었을 때 비로소 하나의 부동산작품이 완성되는 것이고 실수요자의 눈과 귀, 코를 만족시켜야 성공한 작품으로 인정받을 수 있는 것이다.

상업지 – 위치(입지)가 빼어난 상업지와 그렇지 않은 상업지가 있다

맹지 – 위치가 빼어난 맹지와 그렇지 않은 맹지가 있기 마련이다.

상업지가 무조건 좋은 게 아니다. 맹지가 무조건 나쁜 건 아니다. 맹지를 무조건 무시 할 수 없는 이유다. 상업지를 무조건 우대할 수 없는 이유다. 입지에 따라 상업지 가치와 맹지 가치가 변한다. 위치가 괜찮은 맹지의 미래는 상업지이다.

접근도 높은 맹지라는 켄트지에 인간이 그릴 수 있는 두 가지 그림은 다음과 같다.

1. **대자연**(인간이 절대로 건드리지 않은 지경. 다만 개발계획이 동원될 때 권력이 동원될 뿐이다)

예) 경기도 양평 가평일대(그림 그리기가 힘든 지경. 규제강도가 높기 때문이다. 대자연이 대도시로 변신하기는 불가능하다)

2. **개발조감도**(인간이 그린 개발청사진)

그림을 함부로 그릴 수 없는 이유는 규제 때문이요 규제의 목적은 난개발 방지를 통해 효율적이고 조직적, 경제적으로 그림을 그리기 위함이다. 지역공실을 최소화하기 위한 노력이리라.

『'규제'의 상황을 극복 및 회복 할 수 있는 길 – 개발의 타당성 높이기』

투자자가 반드시 인지할 또 하나의 대목(사안) – 그림(개발 공간, 개발 청사진과 조감도) 옆엔 반드시 그림자(규제의 공간)가 존재한다는 사실이다

『그림의 면적 〈 그림자의 면적』

(대도시 대비 대자연의 면적이 훨씬 광대하기 때문이다. 대자연의 보호가치는 대도시 대비 훨씬 높다)

09

토지의 위상(위치)이 중요한 이유

국가를 이루는 3대 요소는 영토, 국민, 주권이지만 부동산의 도산을 방어할 수 있는 세 가지 힘은 토지와 사람(인구, 부동산주인), 그리고 지상권이다.

연극의 3대 요소는 무대(토지), 인물(인구, 관객), 대사(청사진과 조감도, 견본주택)이며 세상을 구성하는 세 가지 힘은 대자연(토지)과 인간(인구)과 문명(개발)일 것이다.

아파트거래량보다 항상 토지거래량이 더 많을 수밖에 없는데 그 이유는 토지는 아파트의 영원한 재료이기 때문이다. 이 세상에 '지상권' 없는 '지상물'은 존재할 수가 없다. 입지가 탁월한 생지와 원형지는 택지화나 대지화과정을 밟기 마련이다. 이 과정에서 원형지(예-농지, 임야) 거래량이 늘고 대지 등 완성도 높은 토지의 거래량이 급증한다.

아파트뿐이랴.

상가, 건물 등 각종 지상물들도 토지가 그 재료 역할을 톡톡히 하고 있다. 각종 기반시설물(예-도로) 역시 토지를 재료로 활용한다. 도로 역시 토지 종류(지목) 중 하나이다. 중요한 위치다. 선점해야 한다. 도로 없는 지상물은 없기 때문이다. 마치 부모 없는 자식 없는 양 말이다. 부모가 곧 토지인 셈이다. 생산능력이 뛰어나다.

토지는 무조건 대자연이다. 토지의 역사와 대자연의 역사를 정확하게 알고 있는 인간이 존재하지 않기 때문이다.

대자연은 영원한 개발 대상물이다. 토지는 모든 부동산을 아우를 수 있는 힘의 원천이기 때문이다. 거래량이 적은 토지는 병든 토지일 수 있지만 거래량이 많은 토지는 건강한 토지의 표상일 수 있다. 거래량은 관심도와 집중도와 연관 있고 집중도는 잠재성과 연관 있기 때문이다.

부동산마니아 중 아파트 공부를 하고 나서 토지에 관심을 갖는 경우가 있고, 토지 공부부터 하고 나서 아파트에 관심을 갖는 경우가 있다. 후자의 경우가 안전할 것이다. 기초공부가 튼튼한 상태이기 때문이다. 토지는 아파트의 재료로 모든 부동산을 감쌀 수 있는 능력을 보유하고 있기 때문이다. 토지는 무조건 대자연에 근접한 뿌리(기초)다.

토지공부를 단단히 구축한 사람 중엔 하우스푸어가 별로 없다. 실수요명목으로 움직이는 자가 대다수 차지할 테니까.

토지공부는 지침서(참고서)와 같은 것이다. 아파트공부는 교과서와 같다. 토지는 변수에 민감하고 아파트는 상수와 관련 깊기 때문이다.

부동산을 넓게 보았을 때 교과서를 무시한 채 참고서 의존도가 높으면 학습능력 배양에 문제점이 나타날 수 있다. 교과서(법과 큰 약속) 대신 지침서 의존도가 높은 부동산마니아는 실수할 확률이 높다. 기초가 부실하면 결과에 관한 기대감이 낮다.

부동산마니아가 토지 공부하는 이유는 기초(뿌리)공부가 단단히 구축된 상태에선 실수할 확률이 낮아서다. 상가나 아파트로 재미를 톡톡히 본 자는 토지공부를 제대로 한 사람이다. 아파트공부부터 하고 나서 토지공부 하는 건 모순이다. 무리다(미완의 부동산인 토지부터 관철하는 게 순리다).

이는 마치 중학교1학년 학생이 중학교3학년 과정부터 공부하는 모습과 같은 것이다. 순서가 뒤바뀌면 결과에 대한 기대감이 낮아진다. 완성도 낮은 부동산(땅) 성질을 알고 나서 완성도 높은 부동산(집)을 공부하는 게 순리다. 올바른 순서다.

■ 토지의 3가지 불패신화

1. 가격상황과 미래
2. 가치와 미래
3. 주변변수

(예-주변의 인물 및 지상물, 시설물들의 진화과정)

주변변수의 힘에 의해 가격상황과 미래가 변하고 가치와 미래는 주변변수와 직접적으로 연계된다.

가치 곧 변수를 의미할 수도 있다. 가치가 변수의 재료인 셈이다.

완성도 낮은 토지(생지, 녹지수준)가 완성도 높은 토지(택지, 대지, 건부지)로 변하는 사례는 부지기수다. 땅의 변수가 수시로 일어날 수 있는 건 다양한 임야와 농지 분포, 그리고 희소성 높은 가용토지 구조 때문이다. 땅의 변수는 완성도가 낮고 희소가치가 높은 공간에서 일어나는 대사건이다.

주택보급률은 전국적으로 100%를 상회하고 있지만(연속된 미분양사태와 직결된다) 토지보급률은 그에 반해 미약하다. 30%대에 머문 지경.

주택은 필수종목이지만 토지는 사치종목일 수 있기 때문이다. 그러나 거래량은 역시 토지가 주택보단 훨씬 앞선 상황이다. 모든 부동산의 재료가 땅이기 때문이다.

대기업이 보유하고 있는 다량의 완성도 낮은 땅의 미래가 밝다. 권력과 금력은 명예욕과 직결되기 때문에 하는 말이다.

모든 부동산개발은 땅을 통해 신화를 쓴다. 땅을 필요로 한다. 도로개선과 개설 역시 땅을 통해 새로운 가치를 쓴다. 땅이 모든 부동산과 각양각색의 시설물의 재료라는 증거다. 다양한 용도가 땅의 강점이다.

지상물인 아파트는 지상권(대지지분의 역할)을 필요로 한다. 그 원초가 바로 땅이다.

결국 토지를 보지할 만한 힘의 작동이 바로 '땅의 필요성'인 것이다. 결과에 앞서 일단 수요량이 많으니까.

부지(바탕화면)마련부터 이루어져야 모든 개발청사진의 모토가 빛나는 법. 출발점이 중요하다. 전체적으로 토지거래량이 늘어날 수 있는 구조이다. 개인의 거래와 법인 거래의 차이는 규모와 땅의 성질의 차이다. 차이가 클 수밖에 없는 것이다. 개발자에게 당장 필요한 건 가격수준이 낮은 완성도 낮은 땅이다. 이러한 사안(사연) 역시 토지의 3가지 불패신화와 연결된다. 토지의 필요성과 중요성이 정비례했을 때 진정성 있는 토지 불패신화가 연계될 수 있다.

접근도 높은 맹지를 잡을 수 있는 힘은 대기업이 갖는 특권이다. 접근도 높은 맹지의 관심도와 집중도가 높은 건 입지의 탁월함 때문이다. 예컨대 아파트 입지조건은 탁월하다. 미분양사태가 결코 입지의 문제로부터 발현한 건 아니다.

■ 밥과 법의 원리

인간은 법과 밥에 매일 접근한다. 접근도, 집중도, 관심도 면에서 모두가 높다. 법을 도구로 삼고 밥을 요구하는 형식을 반복적으로 취하는 상황이다. 법을 모른 채 밥을 먹기는 힘들다. 법은 과정이고 밥은 결과이기 때문이다.

법은 도구의 대상이지만 밥은 요구대상이다. 법은 약속의 일부분이고 밥 역시 약속과 무관치 않다. 약속은 시간의 산물이기 때문이다. 하루 세 끼 밥을 먹어야 한다는 규칙이 곧 법이 존속하는 증거요 의미일 것이다.

부동산구조 역시 여기에서 예외일 수 없다. 밥과 법으로 구성되어 있는 상태이기 때문이다.

밥 – 땅

(농지의 존재감↑)

법 – 아파트 등 지상물

(아파트단지는 생지로부터 발효, 발전하는 것이므로)

밥의 역사가 법의 역사를 압도한다. 밥상의 규칙이 생겨나면서 법이 만들어진 것이다. 가정이 국가와 사회의 기초인 까닭이리라.

투자자는 성공을 원한다. 요구한다. 그러나 법이 성공도구는 아닐 것이다. 인간의 요구, 욕구 크기를 충족시킬 만한 힘이 광범위하지 않아서다. 미약하다.

법(상수-constant)에 변수를 수반한 게 '부동산철학과 노하우'다. 법(원칙) 이외의 또 다른 법, 변칙이 필요한 이유다. 변수 연구의 결과가 곧 노하우인 셈이다.

원칙은 하나지만 변칙인 부동산철학은 개성이 강하여 다양할 수도 있다. 변수는 예측불허이기 때문이다. 모색의 한계를 스스로 극복할 수 있다면 변수가 다양할 수 있는 것이다.

원칙이 아파트 모습이라면 변칙은 땅(생지)의 모습이다. 하나는 창조적이고 하나는 일률적이고 획일적이다. 부동산노하우는 투자자의 도구이고 부동산 법은 실수요자들이 요구하는 정신자세다. 부동산노하우는 변칙(정답이 아닌 해답!)이다. 정해진 범위가 없다. 부동산 법은 원칙이라 정해진 범위(정답) 내에서 움직인다. 부동산노하우는 잠재가치를 높이기 위해 존재하는 것이요 부동산 법은 존재가치와 연관 깊다.

부동산은 변칙행위와 원칙에 의해 여러 각도의 동산화여정을 낳는다. 가치와 가격이 변할 차례(기회)다.

10

30살 된 사람과 10년 된 땅 가치

30세 된 사람은 봄을 30번 맞은 자로, 인생경험이 많은 건 아니다.

30년 된 땅은 투자기간이 30년 된 땅으로, 봄을 30번 맞은 경험 많은 땅이다. 이미 30년 전에도 다른 형태의 경험을 한 상태이기 때문이다.

사람의 생일은 있지만 생지의 생일은 없기에 이런 시나리오가 가능한 것이다.

봄은 가격오름세가 가장 큰 계절로 생동감이 넘쳐흐른다. 인간의 활동반경이 가장 큰 계절이기 때문이다. 직접역세권 반경도 넓어질 수 있는 기회의 시기(호기)다.

30년이 돼도 가격이 그 자리에 머문 경우가 있다. 봄맛을 제대로 보지 못한 경우로 세월만 허비한 것이다. 20세에 맞은 봄과 89세에 맞은 봄은 상이하다.

1. 20살에 맞은 봄 - 땅(투자기간이 20년)

2. 89살에 맞은 봄 - 사람

1의 의미와 2의 상황은 다르다. 사람의 경우 나이가 많은 가운데 봄을 맞은 경우 힘이 빠질 수 있지만 땅은 다르기 때문이다. 장고 끝에 악수 대신 호수, 호기를 맞는 경우도 다반사다. 평생 봄을 100번 맞은 사람은 드물다. 땅의 경우는 다를 수 있다. 땅 살 때 성질을 반드시 감지할 필요가 있는 이유다.

100년 된 땅과 100살 된 인간은 그 힘의 차이가 크다. 땅의 힘이 훨씬 크기 때문이다. 땅의 잠재력과 인간의 잠재력은 비교대상이 될 수 없다.

생지 입장에선 언제나 '세월은 약'이다. 사람은 사라지는 대상이나, 땅은 사멸대상이 아니다. 사람은 죽으면 땅으로 돌아가는 미물이다. 미물은 '미완성물'의 줄임말로 재해석 할 수 있다. 인물이 아니다. 죽고 나면 미물에 불과해서다. 인간이 죽게 되면 이 땅에서의 존재감은 0이다.

100년 이상 된 땅이 대다수 차지하는 이유는 선조 땅이 대다수 차지하고 있기 때문이다. 환금성 낮은 게 땅이다. 1살 된 땅이 드문 것처럼 1살 된 아이도 보기 드물다. 땅의 환금성은 낮고 아이 출산율은 갈수록 낮아져 희소성이 높다.

아파트 나이 - 재건축 나이(건물 대신 대지 지분이 남는다. 개발을 고대

한다)

땅의 나이 – 투자기간(아파트는 나이를 먹지만 땅은 나이를 먹지 않는다. 불로장생한다)

아파트와 땅은 공간의 유무와 공실의 차이다.

반바지 가격이 긴 바지보다 더 비싼 경우가 있다. 큰 부동산과 작은 부동산의 차이와 다른 것이다. 물론 아파트보다 비싼 빌라도 존재하지만 말이다.
위치에 따라 작은 부동산이 큰 부동산의 가격보다 훨씬 높은 경우도 있다. 아동복이 성인복보다 더 비싼 경우도 있는 것처럼 말이다. 그러나 땅이 아파트보다 더 비싼 경우는 흔치 않은 일이다.

아이의 상태 – 땅(완성도 낮은 부동산)

성인의 모습 – 아파트(완성도 높은 부동산)

미완성물과 완성물의 차이다. 공산품과 부동산의 차이를 극복할 수 있는 길은 없다. 실용성, 활용성, 적정성, 상황성 등을 고려하지 않으면 안 되는 이유다. 무조건 가치가 크다고, 가격크기가 크다고 좋은 건 아니다. 상황성과 상대성을 따지지 않으면 안 되기 때문이다.

부동산시계에선 위치가 이치이자 가치이기 때문이다.

11

가장 가치 높은 부동산 관련 편익시설물

술(음식)과 부동산(자산)과 돈(사람의 동력! 돈이 없다
면 인간은 움직일 수가 없기 때문)은 중독성이 강하고 개성도 강하다.
술 주인과 부동산주인과 돈 주인 역할이 중요한 이유다. 자제력
이 문제가 될 수 있기 때문이다. 알코올중독자, 부동산중독자,
돈 중독자가 국가와 사회에 미치는 영향력은 크다. 술로 인해 공
권력이 위협 받기도 한다. 부동산의 변절도 문제다. 돈을 악용하
는 대목이다.

돈과 술이 일단 몸 안에 들어오면 기분과 기쁨이 두 배 이상 배
가가 될 게 분명하다. 자제력과 자정능력이 필요한 이유다. 부동
산주인과 돈 주인이 되는 순간, 일단 기분이 좋아진다. 주체(자기
관리)할 수 없다.

한 잔(10억 원)이 두 잔(20억 원) 되고 두 잔이 10잔(100억 원) 된다.
노림수가 달라진다. 창조력이 발동하고 욕망의 크기가 거대해진
다. 자제력도 필요한 지경이다.

대자연 역시 중독성이 강한 상품이다. 위치가 좋은 자연환경은

개발의 대상이기 때문이다. 아파트 등 주거시설 인근엔 반드시 맹지와 녹지공간이 공존한다. 맹지와 녹지 등 대자연은 개발대상이기 때문이다. 맹지와 녹지가 일부분 존속할 수 있는 건 '규제'의 '가치' 때문이다.

규제가 맹점인 건 만은 아니다. 자연보호란 인간보호의 의미도 내포되어 있기 때문이다. 인간은 공기 없이는 살 수 없다. 규제의 가치를 인지할 수 있는 여유가 있는 사람이 투자자가 될 확률이 높다. 규제는 '자제'의 다른 말이다. 지속적인 자제력을 의미한다.

'때'는 놓쳐도 '부동산'은 놓치지 말자.

시간은 순간적이나, 부동산은 영원하므로.

끈기와 인내력이 뛰어나다.

시간과 애인 – 나를 두고 떠나갈 수 있다. 떠난다. 매일 움직인다.

사랑과 부동산 – 함부로 움직일 수 없다. 나를 떠나지 않는다. 내가 어떤 형태로 관리 하느냐가 관건(관심)이다.

주거시설과 주차시설은 하나이다. 한 몸이다. 마치 자동차가 차도를 필요로 하듯 말이다. 즉 자동차와 차도 역시 한 몸인 것이다.

주차시설에 따라 주거시설 입지의 가치가 변할 수 있기 때문이다.
주거시설과 녹지시설 역시 하나, 한 몸이다.

녹지시설 입지에 따라 주거시설의 실용성(삶의 질)이 달라질 수 있기 때문이다. 주차시설과 녹지시설은 중요한 편익시설물인데 이는 주거환경과 그 오염도와 직접적으로 관련 있기 때문이다.

부동산과 관련된 공간은 주거공간과 녹지공간, 주차공간으로 대별할 수 있는데 이 세 공간은 부동산의 주요덕목이다. 주요 기반시설물인 것이다.

거품에 의한 미분양사건이 자주 일어나고 대기오염상태가 나쁜 건, 집 없는 사람은 많은데 차 없는 사람은 많지 않기 때문이다. 차도가 부족하고 주차공간(차고) 역시 부족한 이유다.

■ 도서관과 도로 속에서 물색해야 할 것은?

개발재료를 책 속에서 찾는 자가 있고 길(대자연의 일부분)에서 찾는 자도 있다. 전자가 이론에 집착하는 경우이고 후자는 실전에 가깝다. 타당성을 모색하는데 유리하다.

'도서관'에서 개발의 타당성과 창의성을 찾는 자, 그리고 '도로'에서 부동산 성격을 찾는 자의 차이는 개발의 타당성의 차이일 것이다.

도서관의 자료 - 하드웨어(이론수준, 책 읽기)에 불과하여 진보적이지 않다. 참고용도 그 이상이 되려면 움직이지 않으면 안 된다. 반복적인 현장답사과정을 밟는다. 활용방법이 필요해서다.

도로(도로를 정독하는 과정) - 소프트웨어
(도로의 특성 때문이다. 연계성이 도로의 특성이다. A라는 인구와 B라는 주거시설 가치를 연결하는 도구가 도로다. 건축 재료가 도로이기 때문이다)

도로를 정독(정복)**하는 이유** - 1. A와 B의 존재가치를 연결하는 도구이기 때문이다.

2. **건축의 도구**(길이 없다면 부동산의 동산화 즉, 건축은 불가능하다)

크고 작은 도서관이 다양하고(국립, 시립도서관, 공립 및 구립도서관) 크고 작은 도로들도 다양하다(법정도로와 비법정도로는 항상 연결된 상태이다. 큰 도로의 가치는 작은 도로의 가치 때문에 강해지는 법이다).
내가 사는 주택 인근에 도서관이 있다면 삶의 질적 가치가 높다. 귀가 편해야 맘이 편하다. 소음이 없고 대기상태가 좋아야 평온한 법. '변화' 대신 '평화'를 선택한다.
요컨대 미완성물인 땅은 '변화를 추구'하지만 완성물인 주택은 '평화를 요구'한다.

내가 사는 주택 인근에 도로가 다양하다면 주택 가치가 높다. 또 다른 주택을 구성할 수 있는 공간을 다양하게 확보할 수 있을 테니까. 도로 활용가치의 극대화를 통해 인구의 다양화를 기대할 수 있기 때문이다. 도로 역시 여유 공간의 일종일 테니까.

예) 국립중앙도서관 주변의 주택가치(서울 서초구 반포일대) 정독도서관 주변 가치(종로구 북촌일대)

집을 잘 사는 방법 – '도서관 인근'을 물색하라.
도서관과 모텔, 그리고 술집 관계는 서로 물과 기름 관계다.

땅을 잘 사는 방법 – '도로 인근'을 물색하라.
도로가 다양하고 탁월하다면 인구의 다변화를 기대할 수 있다.
땅 답사 시 눈여겨볼 대상은 땅 자체가 아닌 '주변의 도로관계'다. 도로가 '부동산의 심장'이다.

도서관의 활용 – 하드웨어상태(책 읽기)

도로의 가치 – 소프트웨어(진취적이다)

도로는 주택 인근과 그 주변의 변화를 주도한다. 지적도가 존속하는 이유다. 현장답사를 하는 이유이기도 하다. 현장답사과정은 도로의 다변화와 다양화를 관찰하는 것이다. 카메라를 구비하는 것도 중요하지만 답사 자 자신의 시각(망원경과 현미경)을 다양화 하는데 열중하는 게 필요하다.

카메라는 하드웨어상태이지만 내가 구비한 망원경과 현미경이라는 독수리눈은 소프트웨어이기 때문이리라. 보는 눈이 형편없다면 접근도 낮은 맹지와 악연을 맺을 게 분명하다. 하수는 맹지 자체인 하드웨어(지식)에 집착하지만 고수는 맹지 위치를 눈여겨 볼 수 있는 소프트웨어(상식과 지혜)가 몸 안에 장착되어 있다.

12

역세권과 중독성

          부동산마니아라면 당연히 산 이름이나 강의 이름의 차이점을 관철할 수 있어야 한다.

지하철 역명에 산 이름을 적용하는 경우가 흔하다. 예를 들어 개화산, 도봉산, 아차산, 운길산 등 검색해보면 다양하다. 이는 개발대상이 대부분 산이기 때문이다. 전 국토의 산지가 무려 63%를 차지하고 있지 않은가.

강(江)도 개발대상일 수 있다. 매립과정을 통해 개발된 게 강남 압구정동일대 아닌가. 현대아파트는 강을 매입하여 매립한 케이스이다. 서울 강남의 가치를 한 단계 높여준 결과, 효과다.

강 이름보다 산 이름이 광범위한 건 당연한 이치다. 산 이름은 당당하다. 다양하다. 환경성이라는 성질로 말미암아 강 이름을 지하철 역명으로 응용, 적용하기엔 적절치 않다. 조망권의 원조가 곧 한강이다. 한강의 기적과 전혀 무관치 않다.

산은 크기와 상관없이 산 이름이 정착되고 강은 크기에 따라 강, 연못, 하천(1급, 2급) 등으로 정착, 분류할 수가 있다. 물론 산도 악산과 야산으로 분류할 수 있지만 말이다. 범위가 광대한 물도 있다. 바다이다.

역명에 대학이름을 삽입하는 경우도 예사. 그러나 초중고교명을 지하철 역명에 삽입하는 경우는 없다. 여기서 대학명은 산 이름이요 초중고교명은 강 이름인 셈이다.

크고 작은 부동산, 규모와 상관없이 새 부동산은 분양대상이다. 그러나 새 도로와 토지는 원래 분양대상이 아니다. 미래의 개발대상이기 때문이다. 공실 및 미분양과 무관하다. 땅값이 오르는 이유는 전국이 분양 중이기 때문이다. 도로 공사 중이기 때문이리라.

역세권 부동산의 성질 중 하나가 바로 강렬한 중독성이다.

부동산 안에 마약성분이 분명코 들어 있을 것이다.

변질된 잠재성의 미래가 무엇인가.

잠재성은 지속성과 연속성의 점화(승화)를 통해 이루어진 성질이고 희소성은 잠재성의 성숙단계와 그 결과를 통해 이루어낸 성질이다. 즉 성숙단계를 거친 잠재성이다.

가변성은 일정한 조건에서 변할 수 있는 성질로, 이를 테면 개발계획에 의해 가격이 변할 수 있다. 변동성은 가변성과 분명히 연계된다. 그렇지만 역세권 부동산의 성질은 중독성이 강하다. 변수에 중독되기 십상이다. 변수의 주요성분 중 하나가 바로 마력(마약)이기 때문이다.

지속성과 연속성이 영원할 수 있는 모토 – 땅 인근엔 반드시 크건 작건 주거용부동산이 존속한다는 것이다. 반드시 사람(주거인구)이 상존한다.

■ 부동산에 대한 기술성과 예술성

부동산과 관련된 기술성은 기능성이지만 예술성은 가능성과 잠재성으로 점철된다.
기술성은 가격 결정이 용이한 편이나, 예술성은 다르다. 가격결정이 만만치 않다. 하나는 유한한 가치를 보지하고 하나는 무한정, 무궁무진한 가치를 보유하고 있기 때문이다.

기술성 – 현미경으로 나무를 볼 수 있는 기회

예술성 – 망원경으로 숲을 볼 수 있는 기회

나무가 모여 숲을 이루듯 기술이 모여 예술을 정립한다. 숙성된 기술이 곧 예술일 수 있다. 기술이 승화된 모습이 바로 예술이다. 기술은 현재가치와 관련 있고 예술은 미래가치에 지배 받는다. 기술의 가치와 예술의 가치의 차이다.
중요한 건, 기술성 잃은 예술성은 무의미할 수 있다는 것이다.

무용지물일 수 있다. 기술적 합의 없이 이루어진 예술은 무의미하다. 존재가치가 없다. 존재가치 없는 미래가치는 없다.

기술적 합의 없이 이루어진 예술성은 불안하다. 미완성이라 미온적이다. 마치 간암말기에 걸린 미스코리아 진 같은 모양새다. 외모만 예쁘면 뭐하나. 지속력을 분실한 시한부인생이면 끝장인 것을.

대자연과 예술 – 가치가 무궁무진하다. 잠재력이 높지만 가격 정하기가 쉽지 않다. 인생은 짧지만 자연과 예술은 길다. 영원하다. 그 가치가 말이다. 가치의 종점(끝)이 없다.

개발과 기술은 인위적, 작위적이다. 그러나 예술과 대자연은 선천적, 태생적이다. 타고 난다. 개발은 기술의 일부분이고 예술은 대자연의 일부분이다. 서로가 연결된다. 단절될 수 없는 구조다. 상황에 따라 분류될 수 있지만 분리(단절)현상은 일어날 수 없다. 누가 뭐래도 대자연은 최고의 예술작품이다. 그 예술작품을 통해 개발과정을 거치는 게 부동산이다. 대표작이 바로 아파트다. 그러나 예술적 가치를 상실한 아파트가 너무 많다. 난개발과 공급과잉, 그리고 미분양 등의 문제를 해결하기 위해 기술성과 예술성의 조화를 반드시 합의(정립)해야 한다. 기술과 예술의 단절이 우리나라 아파트의 큰 문젯거리다. 예술성보단 수익성, 사업성에 매진한 결과다. 물리적 안전성보단 수익성에 지배 받는 구조다. 안전성과 기술성은 정비례한다. 그러나 새 아파트 천장에서 물이 새는 일이 자주 발생한다.

안전성을 분실한 개성(예술성과 기술성)은 무의미하다.

13

부동산은 심리학이다

'비리'를 철학으로 여기며 사는 나쁜 사람이 있는가 하면 '순리'를 철칙으로 여기며 사는 지극히 상식적인 삶을 사는 분도 계시다. 인생철학(삶의 지혜) 없는 사람은 없다. 다만 착각 속에서 살 뿐이다.

예) 서양철학과 동양철학의 차이

서로의 DNA가 다르다 보니 의식주와 생활의식(문화)도 다르다. 동서양의 문화양식의 차이를 극복하는 건 무리다. 한국 사람이 서양철학을 숭상+도입(적용) 하는 것 역시 무리다. 이는 마치 투자자가 실수요자 행세를 하는 것과 같은 것으로 실패한 인생을 사는 것이다.

'인생'이란 '기다림의 연속'이다. 기대감을 갖는다. 내일을 기다리는 이유다. 부동산투자와 인생의 공통점이 곧 기다림의 연속이라는 점이다.

상인과 투자자 – 기다리는 자

손님(매출)과 인구(수익)를 기다린다.

상가주인과 아파트주인 – 기다리는 사람

여러 분은 생활의 지혜서나 부동산 재테크 책을 선택할 때 그 기준이 무엇인가. 부동산 책의 경우 두 가지 형태로 분류된다.

1. 저자의 경험으로 쓰는 경우 – 돈으로 살 수 없는 가치(생명력과 지속력↑)

2. '자료(수치)'로 쓰는 경우 – 돈으로 살 수 있는 가치(단발성, 단명)

수치를 정독할 수 있는 힘은 경험으로부터 발휘, 발산한다. 부동산노하우는 경험에서 비롯되는 법이다. 결코 자료(수치)에 의해서 얻어지는 게 아니다. 시간이 지난 자료는 한 줌의 쓰레기로 변질되기 때문이다.

부동산 경험의 예) 임장활동의 반복

자료 100번 보느니 차라리 10차례 답사진행과정을 밟는 게 낫다. 투자의 가능성을 높일 수 있는 방법이다. 안전한 부자로 거듭 날 수 있는 기회다. 기회는 움직이는 자의 몫이기 때문이다. 자료는 이론이지만 답사는 실전경험이다.

부동산은 수학이다.
부동산은 철학이다.
부동산은 심리학이다.

부동산 정의에 관한 정답은 존재하지 않을 수 있다. 개인 사정과 부동산 상황에 따라 변화하는 변수 때문이다.
그러나 분명한 건 철학과 철칙 관계를 무시하면 안 된다는 사실이다. 부동산은 끝없이 반복되는 심리전이기 때문이다. 개미들이 왜 실수를 반복하는가. 심리전과 군중심리에 약해서다. 귀가 얇고 눈이 가볍다. 머리 안엔 똥이 찼다. 개미와 하수는 부동산이 심리학이라는 사실을 모른다. 언론에서 군중심리를 자극, 조장, 조작하는 경우도 없는 건 아니다. 자극적인 제목으로 개미들을 혼란 속에 빠뜨려 판단력을 흐리게 만든다.

예) 작년 2억5천 하던 아파트가 올핸 4억5천!

종교와 언론 - 맹신하면 망신당한다. 자신의 철학(줏대, 자신감)이 긴요한 지경이다. 사람(목사, 신부, 스님, 기자)을 맹신하면 망신당할 수 있다. 종교의 성질과 기사의 특질을 바로 보지 않는다면 교주와 사이비기자 기사에 농락당하기 십상이다. 결국 생활의 지혜와 노하우는 지식 속에서 모색하기보단 상식에서 모색, 물색, 발견하는 게 가장 아름다운 것이다. 박학다식이 상식(도덕적)을 지배하지는 않는다. 지식의 힘보단 상식이 더 강하다. 지식이 많은, 명문대출신의 부자들 중 머리에 똥이 가득 찬 경우도 있지 않은가.

그러나 상식이 풍부한 분들은 어떤가.

법(법률)도 상식을 압도 할 수 없다. 비상식적인 법(법률)도 많아서 하는 말이다. 지식 대신 상식이 살아 숨 쉬는 국가와 사회구조가 바로 건강한 도시의 도구가 될 수 있다. 상식적인 사람이 많이 사는 공간이 삶의 질이 높은 지역이다.

상식파괴자가 급증하는 곳의 삶의 질은 최악이다.

지식은 착각을 만들 수 있지만(오만과 교만) 상식은 착각을 방어할 수 있다. 상식은 자각의 동기부여이기 때문이다.

14

선택과 집중의 과정, 투자

이슈화가 진행 중인 부동산의 특징 중 하나. 무조건적으로 거품에서 시작하여 거품으로 끝난다는 사실이다. 이른바 '거품잔치'를 벌이는 것이다. 가치와 무관하여 가격거품이 너무도 심하다. 거품에 사서 거품에 매도한다. 거래절벽이 예상되는 상황이다. 이슈화가 반드시 환금화와 비례하지 않는 건 순전히 가격거품 때문이다.

거품은 '거짓말'의 결과물이다. 거래량이 급감한다. 거품은 이중성을 갖고 있다. 거품과 접도구역은 서로 성격이 흡사하다.

예) 접도구역의 접근도 = 이중성
(접도구역의 정의 때문)

접도구역 – 도로구조의 훼손 방지를 위해 도로 경계선으로부터 일정거리 접근을 막을 수 있는 구역
(일반국도는 도로경계선으로부터 20미터 이내, 고속도로의 경우 50미터를

초과 못함)

잠재력이 높은 토지는 이중성을 가지고 있다. 겉과 속이 다르기 때문이다. 겉과 속이 동일할 수 있는 기회가 바로 토지개발과정이다. 개발과정 중 잠재성을 발견할 수가 있는 것이다.

예) 토지의 공적서류(토지이용계획확인서)와 현장모습은 딴판이다. 개발청사진이 변할 때 비로소 동일 수준으로 변화되는 것이다.

현장모습은 겉모양새이고 유형(현재가치-서류)과 무형(미래가치-개발계획)의 만남이 곧 개발과정이다. 땅의 겉과 속은 하드웨어와 소프트웨어상태다.

「배우자, 대학교, 토지의 공통점 – 투자 및 호기의 대상」

결혼적령기의 남녀가 반려자를 모색하고 대입준비생은 대학교를 모색, 선정(선택)과정을 거친다. 그리고 투자자는 좋은 토지를 모색한다. 자신의 입지에 걸 맞는 대상을 선택해야 하는 것이다. 잘못된 선택으로 평생 후회하는 일이 비일비재해서다. 선정방도는 하나일 수 없다. 배우자의 자산수익률, 대학교의 취업률, 토지의 건폐율 등을 선정 기준으로 삼기도 한다.

배우자의, 대학교의, 토지의 이중성과 잠재성을 보고 투자를 결정하기 때문이다.

미개발지역의 특징 – 겉과 속이 달라 편리성과 편익성이 떨어진다.

개발공간의 특징 – 겉과 속이 비슷하여 편리성과 편익성이 높은 편이다.

『**삶의 의미 = 개발의 의미**(개발이 완료되었지만 해당공간의 주민생활이 불편한 경우가 있기 때문)』

투자는 두 가지 형태의 신을 믿는 행동이다.

신(身)에 투자하는 자 – 진화와 변화에 투자하는 자(노력과 능력을 믿는다)

신(神)에 투자하는 자 – 신화에 투자하는 자(초능력을 믿고 대운을 따른다. 순리를 따른다)

행복을 추구하는 자 – 身에 투자하는 자

행운을 바라는 자 ㅡ 神에 투자하는 자

신의 세계와 경지(身) ㅡ 눈으로 직접 볼 수 있는 지경(소프트웨어)

신의 세계(神) ㅡ 눈으로 간접적으로 볼 수 있는 지경(하드웨어. 인간의 능력과 자연의 능력은 맥을 함께 하므로)

『神의 성질≒자연의 성질(자연의 일부가 곧 신이기 때문)』

신격화≠동산화(비현실적이기 때문)

인격화=동산화(현실적이기 때문이다)

Part_02

땅 매수 노하우
땅 투자 노하우

01

집 현장답사와 땅 현장답사

집 현장답사과정과 땅 현장답사과정은 사뭇 다르다.

집 현장답사의 경우 서류보단 현장에 집중해야 한다. 집은 완성물이기에 건축과 관련된 허가사안에 예민할 필요가 없기 때문이다. 변화나 변수 대신 현재가치에 집중하면 된다.

반면 땅 현장답사는 서류와 현장, 그리고 개발청사진까지 두루 전반적으로 정독해야 한다. 땅은 보호와 보호자를 필요로 하는 미완성물, 미물이기 때문이다.

집의 경우 서류상태의 중요성보단 현장모습에 집중해야 한다. 땅의 경우 서류상황과 현장상태의 차이점이 너무 크므로 개발청사진과 조감도를 통해 개발의 정당성을 정상적으로 체크할 만한 절차를 제대로 밟아야 한다.

집은 변수가 거의 없지만 땅은 변수의 다양성이 중요한 성질 중 하나이다. 땅 주변의 주거 및 업무시설에 따라 고유의 성질도 변할 수 있기 때문이다. 완성물과 미완성물의 차이를 극복할 수 없기 때문이다. 입지는 변할 수 있지만 유전자는 변하지 않는다.

미완의 부동산에 변수(=잠재력)가 다양하게 분출할 수 있는 건 당연지사이다. 땅이 투자종목인 까닭이다. 변수현상이 별로 일어나지 않는 집은 투자종목이기보단 실수요종목으로 제격이다.

요컨대 집은 활용가치에 지배 받고 땅은 잠재 및 희소가치에 지배 받는 것이다. 하나는 공간에 지배를 받고 하나는 시간에 지배를 받는다. 자연의 일부인 땅을 개발대상으로 삼는 인간은 자연의 원주인이 누구인지 바로 인지할 필요가 있다. 대자연의 대주주가 누구인가.

『자연의 (원)주인 – 야생동식물』

집주인 허락 없이 무단 침거하는 행위가 개발과정이지만 규제라는 법률에 의거해 움직여야 한다. 예컨대 양평 일대 악산에 전원주택건축행위를 한다면 그게 바로 무단 침거행위인 것이다. 야생 뱀이 죽는다. 원주인이 죽는다. 보금자리와 둥지를 잃어버려 벌어진 패악이다. 보상비 하나 없이 말이다.

개발 시 지역주인 동의와 더불어 자연의 원주인인 야생동식물의 동의도 함께 취득해야 한다. 즉 개발의 정당성과 합리성을 조율하는 길이 바로 야생동식물의 동의절차를 밟는 것과 진배없는 것이다. 자연보호 위주의 개발이야 말로 야생도 생존하고 인간도 건강하게 삶을 영위할 수 있는 정도(正道)일 것이다.

야생동식물에게 개발허가 받는 행위 – 자연보호 위주의 개발과
반드시 인간의 안락 도모를 위한 개발이 선행, 병행 되어야 한
다. 안락이란 몸과 마음이 편안하고 즐거움을 표출하는 행복한
단어다. 자연환경파괴를 통해 얻을 수 있는 단어다.
땅주인이건 집주인이건 모두가 바라는 건 '안락함'의 장기 지속
일 것이다. 땅 답사자건 집 답사자건 현장 체험을 통해 안락의
일부분을 느낄 수 있어야 한다. 그래야 비로소 부동산주인의 자
격에 부합, 합당한 것이니까.

02

땅 투자자가 현장답사 시 주목해야 할 부분

실수요자는 부동산 보유에 관한 부담감이 없지만 투자자는 부담감이 크다. 긴장감이 엄습한다. 만약 인구가 감소한다면 가치와 가격이 동반 추락하는 사태가 벌어지기 때문이다. 투자의 명분이 악화, 약화되는 것이다.

인구가 감소하는 이유는 두 가지 경우의 수에 의해 발생한다.

가격이 지나치게 높아 거품을 의심할 수 있는 부분이 노출되는 경우와 가격하락이 계속 이어지거나 폭락하는 경우다. 매수자 대다수는 실수요 겸 투자자이기 때문이다. 인구감소는 지역공실과 미분양사태를 야기하는 꼴이므로 반드시 투자가치와 비례한다. 연관된다. 하우스푸어도 증가한다. 역시 실수요 겸 투자자 때문이다.

어느 지역이든 하우스푸어가 존재한다. 어느 지역이든 아파트투자자 없는 곳은 없고 아파트는 부동산의 꽃이자 한 지역을 대표하는 상징성을 가지고 있기 때문이다. 아파트는 지역핵심인구인 주거인구를 산출하는 힘이다.

결국 한 지역의 인구는 '가치'에 앞서 '가격'에 예민한 것이다. 투자자 활동영역에 의해 한 지역의 인구가 감소, 혹은 증가한다. 실수요 겸 투자가치를 점유하려 경쟁 중인 것이다.

언론도 매일 매번 분양가와 가격변화를 기사화한다. 상승지역과 하락지역을 나누어 지역가치를 차별화 시킨다. 표본조사를 통해 기사화 하여 그 정확성은 낮다. 공정성에 문제가 있기 때문이다. 기사화가 환금화와 연계될 때 가치와 가격에 거품이 들어가거나 변질될 수 있다는 게 큰 문제다.

개발이슈(가치) 여부에 따라 인구증감현상이 일어날 수 있지만 과정과 상관없이 가격에 따라 인구가 움직인다. 이유를 막론하고 가격성적표에 예민한 사람들이 너무도 많다. 가치가 가격 때문에 존속하는 양 말이다. 실수요 겸 투자자가 여전히 존재하는 이유다.

인구감소의 이유 – 가격에 거품이 주입되거나 가치에 거품(과대포장)이 주입되는 경우에 인구감소현상이 발생한다. 가치에 실망감을 감추지 못하는 인구도 발생하는 법!

인구에도 거품이 주입될 수 있다. 단순히 가수요세력(허수)에 농락, 함락당하는 경우도 다반사다. 가수요인구는 주거인구보다 화려하고 거대해보이나, 생명력과 지속력이 약해 곧 소멸된다.

마치 한여름 장마철에 엄습하는 태풍과도 같은 존재가 가수요세력들이다. 이동복덕방이다. 이동복덕방의 문제점은 가치의 이동보단 단순히 가격이동에 집착한다는 점이다. 즉 거품을 주입하는 집단이 곧 떴다방! 지역거품은 지역거래를 지역걸레로 만들 수 있는 화마다.

땅주인들이나 업자들이 함부로 땅의 지번을 공개하지 않는 이유다. 지번 공개 이후 땅은 걸레가 되고 거품이 심하게 주입되어 외려 거래에 치명상을 입고 만다. 그런 경우가 부지기수다.

함부로 지번공개를 꺼리는 이유이리라.

인구감소지역은 가격이 하락하여 외려 실수요인구가 증가할 수도 있으나 인구가 감소하고 있는데도 가격이 하락하지 않는 경우도 있다. 서울이 그 좋은 실례다. 서울의 주거인구가 감소하는 직접적인 연유다. 인구거품이 심하다. 교통 환경여건이 좋아져 유동인구가 증가하고 있는데 이는 십중팔구 인구거품증상이다. 유동인구가 증가하고 가수요세력들이 여전히 증가하고 있다고 해서 가격거품을 유지, 유발하는 건 큰 문제가 아닐 수 없다.

땅 투자자가 현장답사 시 조목조목 따져볼 부분은 가격과 가치의 비례 관계다. 반비례할 때 거품이 발현하기 때문이다. 정비례할 때가 바로 투자요건을 갖춘 상태로 안전하다.

고수의 현장답사 – 중개업소 방문을 자제하는 대신 지자체를 적극적으로 방문한다. 구체적인 방문을 선택한다. 방문 목적이 분명하기 때문이다.

중개업소에선 가격을 알아 볼 수 있으므로 헛수고다. 정확한 가격이란 존재할 수 없기 때문이다. 가격의 특징이 있다. 들쭉날쭉 고무줄가격과 용수철가격이다. 한 번 늘어난 건 회복이 불가능하다. 불규칙적이다. 그러나 지자체에선 가격보다 미래가치와 현재가치의 연관성을 투명하고 정확하게, 정직하게 알아볼 수 있다. 공론화되어 있기 때문이다.

공감도가 높아 신뢰도가 높다.

풍부하고 정확한 자료를 통해(현재가치) 객관적이고 투명한 가치(잠재가치)를 판단할 수 있는 계기를 지자체에서 자체적으로 자발적으로 만들 수 있다. 이게 바로 개별적 분석과정이자 해석과정이다.

중개업소방문 대신 지자체방문을 적극 추천하는 이유이리라.

■ 거품의 양과 거래량의 관계

거품의 양은 거래량과 연관 있다.

활발한 거래량은 가격상태가 인근 시세 대비 저렴한 상태를 유지했을 때 기대할 수 있을 것이다. 거래량이 증가할 수 있는 건 대다수 소액투자자들 접근에 부담감이 적어서 일거다. 그러나 이러한 거래량의 증가현상은 일시적인 현상일 뿐이다. 거래량이 늘어나면 규모가 작은 가격상태를 유지할 수 있는 힘을 잃게 되기 때문이다. 거품이 다시 주입되는 악순환이 반복된다. 거래량 감소현상으로 이어진다. 거품을 의심하는 인구가 증가하고 있다는 증거다.

거품의 양은 거래량과 무관치 않으나 사용량은 시세와 관련 있다. 거래량과 사용량은 반드시 연계되지 않는다.

진정한 부동산의 가치척도 - 거래량보단 사용량이 중요하다.
사용량은 실수요인구와 관련 있지만 거래량은 가수요인구나 떴다방에 의해 조작될 수 있기 때문이다.

거래량은 외부로 노출되지만 사용량은 쉽게 노출되지 않는다.
도로의 가치와 부동산가치는 다르다. 도로란 사용량에 지배를 받는 구조로 시설물은 거래량과 무관한 상태이기 때문이다.
그렇지만 지상물인 부동산의 경우 사용량과 거래량과 직결된다.
거래량에 민감하다. 시설물과 지상물의 차이다.
도로(길)는 부동산의 일부분이지만 사적인 사정에 의해 법정도로를 거래하는 경우는 없다.
도로는 토지의 한 부분(지목)이지만 미완성물은 아니다. 시설물은 지상물의 일부이기 때문이다. 지상물의 가치를 극대화 시킬 수 있는 힘이다. 지상물의 활동영역을 보증한다. 도로라는 시설물은 반드시 지상물을 필요로 하지 않지만 지상물은 시설물인 도로를 반드시 필요로 한다. 존재가치의 차이이다. 마치 인간은 대자연을 반드시 필요로 하지만 대자연은 인간을 반드시 필요로 하지 않는 것처럼 말이다.

답사는 '거래량과 사용량을 공격적으로 체크할 수 있는 도구'다. 기회다.

토지답사과정 – 토지의 특성을 모색하는 과정

주택답사과정 – 주택의 특성을 모색하는 과정

토지가격 책정기준 – 토지의 특성

주택가격 책정기준 – 주택의 특성

요컨대 토지답사과정이란 '도로(길) 분석과정'으로, 이는 적정가격 인식기능을 가지고 있으며 비교적 정확한 감정평가를 기대할 수 있다.

03

답사와 여행

대한민국의 결점은 모두가 바쁘다는 것이다. 조급증이 심하다. 다급하게 행동한다. 여유가 없다. 밥 먹을 시간조차도 없는 자도 있다. 여유를 먹고 사는 게 정답(정도)인데 말이다.

'여유' 는 인간의 병든 몸과 맘을 치유하는 도구다.

「여유≒여행≒자유≒자연≒치유(자유)」

여행은 시간에 쫓기지 않는 기능을 가지고 있기 때문이다.

『여행 대상 = 자연('자연'은 '자유'의 도구)』

투자의 자격을 박탈 할 수 있는 요건 – 돈은 있으나 여유가 없는 자는 자격 박탈 대상이다! 조급증은 투기꾼들이 공통적으로 가지고 있는 고통(질병) 중 하나이기 때문이다. 돈은 있지만 겁이 너무 많은 자도 자격 미달이다. 돈의 활용도가 낮기 때문이다.
잠자는 돈은 죽은 돈과 진배없다. 거품은 조급증과 함께 발현한
다. 여백이 필요한 지경이다. 여행과정 중 한 군데에 집착하는
건 여유의 상실 때문이다. 한 군데 집중하면 그 공간은 공기오염
도가 높다. 관광객이 구름떼처럼 몰린 곳은 매력 없다. 더럽다.
'자본(인간)' 은 '자연(공간)' 을 공격, 가격한다.
자연의 골격(정체성의 구조)을 일방적으로 공격하는 상황(예-개발
계획 및 개발비용)이다. 자연이라는 대형 녹지공간은 도시의 영원
한 개발재료이기 때문이다.
'자본(자산)의 자궁' 이 바로 '자연' 인 것이다.
대자연의 가치를 통해 대도시의 가치가 탄생하게 되는 것이다.

「자본의 힘 〈 자연의 힘」

자연의 힘을 이용, 활용하여 자본을 확보할 수 있기 때문이다
(예-개발계획과 그 집중도)

'아파트단지' 는 자본시장의 표상! 자본의 대명사가 되었다. 서
울 강남 아파트와 그 주변의 가치는 지금도 높다. 거품의 시발
점이자 종착점이 바로 아파트투자인 셈이다. 그 동기부여와 기
회의 공간이 바로 강남3구와 그 주변가치(주변도시)다.

요컨대 강남4구와 경기일부지역이 '거품의 시금석'인 것이다.

잘못된 여행여정 – 인구밀도가 높아지는 현상과 연관 있다(인기 높은 관광지에선 여유를 상실하기 마련이다. 수많은 유동인구에 의해 여백이 상실되고 만다)

'여행'의 목적을 잃으면 '여유'를 상실하고 만다.

답사와 여행의 차이점 – 답사할 땐 입지와 인구상황을 검토하지만 여행 중엔 자연의 가치를 본다.
여행 중엔 여유를 가지고 있지만 답사 중엔 긴장감을 가지고 있어야 한다. 여행은 자유와 관련 있고 답사는 '자각'을 필요로 하기 때문이다.
자각은 '새로운 발견'을 의미한다.

여행의 목적 – 여유를 맘껏 만끽하는 것이다. 패키지 여행상품은 여유를 상실할 수 있다. 인위적으로 만들어낸 일정표가 여행의 목적과 목표가 아니기 때문이다.
여행을 통해 지역 현장감보단 자신감에 집중할 수 있는 여유가 필요한 것이다. 자신감의 재료가 바로 현장감이요 자신감의 발로가 현장답사과정인 것이다. 여행 중 여행지역이 마음에 들어

즉흥적으로 땅을 구입하는 경우도 있기 때문에 하는 말이다.

여행 중 여행지역이 마음에 들어 집(세컨하우스)을 구입하는 경우도 있을 수 있다.

여행과정이란 '자연'과 '자유'를 함께 활용하고자 노력하는 것이다. 여행의 의미다. 여행의 노력은 자각이다. 사색과정이 여행목적이다.

답사의 습성을 닮았다.

'자연'을 발견하고 '자신'을 모색하는 과정의 기회가 여행의 최종 목적인 것이리라.

『여행≒답사('자연'을 상대로 움직이기 때문이다)』

도시를 여행하거나 답사하는 건 높은 공기오염도에 접근하는 것이다. 마천루를 답사하는 것이다. 답사과정을 여행하듯 가벼운 맘으로 밟으면 안 된다. 자칫 잘못하다가 똥을 밟을 수 있다.

머리에 똥이 차면 낭패 보기 십상이다!

긴장감과 박진감을 잃으면 안 되는 이유다. 여행은 긴장감이 불필요하지만 답사는 박진감과 긴장감, 현장감 등을 잃게 된다면 시간 낭비다. 서울특별시를 여행 대상지역으로 여기는 자가 있고 경기도를 여행지로 선택하는 자도 있다. 서울을 답사 대상지로 선택하는 자가 있고 경기도를 답사 대상지로 선택하는 자도 있다.

예) 서울 - 아파트 투자 공간(여전히 강남 아파트의 존재감이 높기 때문)

경기도 - 땅 투자 지역(제2,3의 강남의 존재감이 높아지고 있기 때문)

지방 - 실수요가치 ↑ (자연의 보존가치가 높고 힐링공간의 다양성 때문)

『답사의 의미 - 현장을 감사하고 감시하는 과정』

(감사-감독하고 조사하는 것. 여행의 의미와 다른 점이다)

『여행 - 현재의 가치(대자연의 가치)를 맛볼 수 있는 기회』

답사 - 미래가치를 대자연상태(현재가치)를 통해 가늠할 수 있는 과정이다.
변화과정을 인지한다.

(예-도로상태의 연계성을 통해 인지한다)

정서적으로 여유 있는 사람이 여행을 자주 할 수 있고 부동산투자도 자유롭고 줏대 있게 할 수 있다. 답사할 수 있는 용기가 투자의 접근성을 높일 수 있는 재료이기 때문이다. 곧 '여유'가 또 다른 형태의 여유를 분출하는 것이다. 여유가 여유를 낳고 속박이 구속을 낳는 법.

만물은 재능과 기능으로 구성되어 있다. 재능은 인간적이지만 기능은 물리적이다.

재능 – '사람'에게 필요한 도구

예–인구의 역할(주거인구의 힘. 개발능력)

기능 – '부동산'에 필요한 도구(예–자연의 기능과 도시 기능)

04

현장답사과정 중 거품상태를 알아보는 이유

현장답사 시 눈여겨 볼 사안은 외모가 아닌 그 지역속성이다. 현장감보단 '지역 공실여부'에 집중해야 하는 것이다.

우리 동네에 대규모 산업공단이 있다면 그것은 지역희망이다. 그렇지만 거대하고 화려한 화력하나만 봐선 착각할 수도 있다. 속사정을 조사, 탐색해야 한다. 이를 테면 그 지역의 실업률과 공실률 관계, 그리고 고용률(취업 인구 비율)까지 말이다. 존재가치와 수치 관계를 조율해야 하는 것이다.

땅값이동의 요인 중 하나가 바로 대도시의 고용(고정)인구의 변화상황 아닌가.

인구의 상황에 의해 땅값이 움직이는 건 당연지사다. 오지의 땅값이 움직이는 건 관광인구의 이동상황에 의한 것이요 신도시나 대도시 땅값이동은 주거인구 힘에 의한 것이다. 이처럼 인구의 다양화와 다변화에 따라 땅값이 변하는 것이다. 현장답사 시 현장감에만 집중하지 말고 지역경제를 책임지고 있는 공업시설의 공실상황도 인지할 필요가 있다. '지역공실'이란 '지역경제의 바로미터'가 될 수 있기 때문이다.

아파트, 상가 등 완성물은 공실에 예민한 지경이지만 땅은 공실 여부와 전혀 무관하다. 둔감하다. 완성물은 입체적이라 양면성을 지녔고 미완성물의 경우엔 평면적인 성질로 단면만 볼 수밖에 없다. 공실에 둔감하다. 그 대신 땅은 주변의 인구변화와 주거시설이나 상업시설의 입성에 따라 가치와 가격이 함께 변한다. 땅은 공실현상과 무관하니까.

지역공실을 무조건 위기로 보기는 힘들다. 지역불경기가 호기일 수도 있기 때문이다. 부동산불경기를 호기로 여기는 자가 고수다. 갑을관계가 뒤바뀔 수 있는 기회를 노리는 것이다. 매수인(예비부동산주인)이 갑이다. 권한이 강화되기 때문이다. 예비부동산 주인이 권력자 역할을 한다. 불경기 때 거래 성적이 안 좋기 때문에 가능한 일이다. 물건을 싸게 살 수 있다. 부동산주인들이 물건을 싸게 내놓아 시간이 갈수록 희소가치가 떨어진다. 환금화속도를 빠르게 하기 위해 물건을 싸게 내놓으면서 벌어진 진풍경이다. 이러한 기회의 공간을 잡을 수 있는 능력자가 바로 고수다.

고수가 지향하는 토지답사의 요령(노하우) - 중개업소에서 공실에 대해 질문을 던진다. 공실여부를 지자체에선 알아보기 힘들기 때문이다. '공실상황'은 '인구상황'을 체크할 수 있는 도구다. 하수가 중개업소에서 가격상황을 알아보고 있을 때 그 시간 고수는 공실 및 미분양 상황을 알아보고 있다. 지역가치를 알아보는 과정을 밟고 있는 것이다.

신도시가 3개(1,2기) 있는 성남시(판교 및 분당신도시, 위례신도시)의 인구규모와 인구성적이 신도시가 하나(일산신도시)인 라이벌 고양시에 뒤쳐진다. 성남은 오랜 세월 예비거대도시로 자리 잡고 있지만 고양시는 현재 거대도시의 위용을 자랑하고 있다.

인구성적표가 고양시가 우월한 건 거품수위의 차이 때문일 것이다. 지역적으로 거품수위가 높아 판교신도시 인구가 인근 경기도 광주로 이전을 하고 있다. 마치 서울 집값거품에 의해 서울인구가 인근 경기도로 이동하는 것처럼 말이다.

판교신도시 거품수준은 서울 강남4구를 능가할 정도로 저돌적이고 자극적이다. 대한민국 최고의 젊은 공간이며, 녹지공간으로 채색화 된 명품도시로 손색이 없다.

거품상태를 알아봐야 하는 이유 – 거품은 인구유출현상을 유발한다. 최고의 가치를 무색케 하는 악마와 같은 존재가 바로 거품증상이다.

아파트 거품 – 지역공실과 지역거품을 대변한다. 현장답사 시 주거시설의 공실상태를 알아보는 이유다. 지역특성이 투자의 이유가 될 수 있으나 지역특성은 두 가지로 분화할 수 있다.

거품이 심한 지역과 거품청정지역으로 말이다. 물론 후자가 투자의 이유가 될 것이다. 거품이 심한 지역에 투자하는 자는 하수이기 때문이다. 군중심리의 작용과 지역 분위기에 함몰되는 것이다.

(1) 가격거품 – 단기간 내 주입

(2) 인구거품 – 단기간 내 급증(가수요세력과 떴다방)

(1)과 (2)의 상황의 공통점 – 지속력이 낮아 금세 소멸된다는 것이다. 가치추락의 연유가 되는 것이다. 가격이 소폭으로 조금씩 오르고 인구가 소폭으로 꾸준히 증가하는 게 지역생명력이 강한 것이다. 진정한 가치를 구가, 인정할 수가 있다.

가치의 일생과 가격의 일생 중 전자의 경우가 지속력이 강하다. 당연한 논리다. 가격이 거품 크기에 크게 노출될 때 가치는 과대포장 장치에 농락, 함락당하기 십상이기 때문이다. 가치가 견강부회, 침소봉대 대상에 오를 때 가격거품이 조성된다. 가치는 성숙의 대상이지만 가격은 성숙이 아닌 거품의 대상이다. 부동산 주인들의 성숙한 행동이 아쉬운 대목이다.

차제에 아파트주인과 지주들의 각성이 필요하다.

아파트의 가치기준과 토지의 가치기준은 확연히 다르다. 미완성물과 완성물의 차이 때문이다. 아파트의 가치기준은 높은 현재가치이지만 토지의 가치기준은 변수의 조화, 교화이다. 좋은 변수와 나쁜 변수로 점화되는데 좋은 변수란 규제해제와 동산화과정을 말하는 것이지만 나쁜 변수란 개발이 장기 지연되거나 지체되는 경우를 말한다. 개발백지화현상은 가장 나쁜 변수다. 일단 주입된 거품의 증상은 쉽게 치유되는 게 아니기 때문이다. 백지화로 인해 투자에 실패한 자가 대거 다량 속출하는 사태가 벌어지고 만다.

05

투자가치와 지역가치

지역가치가 높다고 인정할 때 투자가치도 높아질 수 있다. 실수요가치가 곧 지역가치의 척도가 되기 때문이다. 진정으로 지역가치가 높은 상태라면 땅 답사 자와 집 답사 자 모두가 만족할 수 있는 길이 활짝 열릴 수 있을 것이다. 땅 답사 자가 현장에서 관철해야 할 부분은 텅 빈 거리와 도로상태, 그리고 텅 빈 상가와 아파트 모습이다.

두 가지 상황을 관철하는 과정이 땅 답사인 것이다. 땅 가치는 인구의 양적가치에 지배 받기 때문이다. 인구감소가 곧 가격하락으로 이어질 수 있다. 지역공실(텅 빈 거리)과 지상물 공실은 서로 비례할 수 있기 때문이다.

반대로 집 답사 자가 볼 사안은 지역 환경오염도와 교통수단의 유무이다. 주거생활에선 삶의 질이 매우 중요하기 때문이다. 투자건 실수요건 행복한 삶이 궁극적인 목적 아닌가.

인구의 양적가치보단 질적 가치에 집중해야 생활의 불편함을 해소할 수 있을 것이다. 아파트 층간소음문제나 주차문제를 해결할 수 있는 핵심은 바로 인구의 질적 가치에서 찾아야 할 것이다. 지역 공인중개사를 통해 인구의 질적 가치와 관련된 정보를 입수, 흡수해야 한다.

땅 답사 자는 인구의 증감상황에 집중해야 한다. 인구의 양적가치가 중요하기 때문이다. 집 답사 자는 역시 인구의 증감상황에 신경 쓰는 대신 인구의 질적 가치에 집중해야 한다.

요컨대 주택(작은 공간)과 도시(큰 공간)에서 행복할 권리는 땅 답사자건 집 답사자건 모두에게 중요한 것이다. 땅 답사 자와 집 답사 자의 동반성장을 통해 지역가치가 높아지는 것이다. 코레일의 슬로건처럼 (아름다운) 동반 (함께하는) 성장을 통해 말이다. 지역가치가 곧 철길의 미래인 셈이다.

답사현장에서 느낄 수 있는 성공(성장) 도구 – 고향의 냄새(돌 냄새- 자연의 일부가 곧 돌이니까)와 도시 냄새(돈 냄새-도시의 일부분이 곧 돈일 테니까)

현장 모습 속에서 목격되는 것이 중개업소와 인력시장의 증가현상이라면 그 지역은 개발규모가 거대한 공간일 수 있다. 개발계획이 투철한 곳이다. 평택 서정리역 일대가 바로 그런 모습이다. 고덕국제신도시 개발현장모습이 그 좋은 실례이다. 삼성이라는 대기업이 모토가 되어 국보급 신도시가 탄생하고 있다.

그러나 현장에 중개업소가 증가한다고 무조건 반길 일만은 아니다. 떴다방이 섞일 가능성이 농후해 거품이 주입될 수 있기 때문이다. 현장답사 시 중개업소와 인구증가의 관계도 알아볼 가치가 있는 건 단순히 가수요인구에 의한 현상인지를 명확하게 관철해야 하기 때문이다. 실수요인구(상주인구)증가에 의해 중개업소가 증가한다면 안정적이다. 예컨대 전원주택이 증가한다면 비교적 안정세를 유지할 수 있을 법하다. 대도시보단 대자연 상태를 유지하는 건 거품과 무관할 수 있어서다.

지금은 전원생활도 재테크인 시대이다. 은퇴 이후의 생활로 자리를 구축 중이다. 장수시대, 귀농 및 귀촌생활이 곧 지역 화두 아니랴.

현장의 모습 속에서 중소형아파트와 중소형 토지가 높은 희소가치를 자랑한다. 그러나 상업시설의 경우는 다르다. 화려함과 거대함이 곧 희소가치로 연결될 수 있기 때문이다. 유동인구가 급증할 때 편리함이 구축되지 않는다면 유동인구가 급감할 수도 있기 때문이다. 불편하면 그 지역을 다시는 찾지 않는 게 유동인구다. 붕괴된 편리함에 굳이 에너지를 쓰지 않는 것이다. 상업시설은 지역주민인 고정인구 뿐만 아니라 타 지역사람(뜨내기)인 유동인구에게 미치는 영향력이 매우 크다. 지역 랜드마크로서의 역할을 해야 진정한 상업시설물로 그 가치를 인정받을 수가 있다.

아파트나 토지가 지역 랜드 마크가 되기보단 대형 상가가 지역 랜드 마크역할에 유리하다. 예컨대 쇼핑몰은 인근의 인구(지역주민)들에게도 관심도가 높다. 상업시설물과 주거시설물의 희소가치의 차이는 크다. 쇼핑몰은 꾸준한 기업광고활동을 하지만 주거시설인 아파트의 경우 분양당시에만 집중적으로 광고활동을 벌인다. 입주상황에서 주거인구를 통해 광고하는 건설사는 없다. 인구흡수력의 다양성에서 상대가 될 수 없는 것이다.

주거시설물은 단순히 주거인구만 사용하지만 상업시설물의 주거 및 유동인구에 미치는 영역은 광대하다. 사용가치와 용도가 다르다.

06

전국적으로 평택과 화성의 선호도가 높은 이유

물(자연의 가치)이 지역 랜드 마크인 경우와 몰 (Mall-자산의 가치)이 지역상징인 경우가 있다.

수도권의 대표적인 물의 도시인 양평의 지역라이벌은 가평이다. 이 두 지역의 경우 경기도 31개 지역 중 땅 면적이 1,2위를 다투는 실정이다. 마치 면적경쟁을 하는 양 인간보단 자연의 잠재력이 높은 상황이다. 그러나 가평의 라이벌은 강원도에도 있다. 춘천이 바로 그곳. 남이섬의 역할과 역량이 탁월해서 일거다.

Mall이 지역 랜드 마크인 경우 – 대도시 및 거대도시

(예-환승센터가 탁월한 수원역세권 주변엔 대형쇼핑몰이 두 곳이 공존하고 있다)

인구규모가 작은 전남 구례군이나 경북 영양군의 경우 지역라이벌은 무의미하다. 지역경제(지역고용효과)에 문제점이 발견되기 십상이다. 인구가 지속적으로 감소하고 있기 때문이다. 부동산과 자연을 사용, 활용할 수 있는 인구가 부족하다.

지역경제력 – 성장하는 곳에서 발현, 발견!

예) 개발정보가 다양하다.
개발계획이 다양하기 때문에 가능한 것이다.

단독주택은 공동주택의 라이벌이 될 수 있을까?
없다.
용적률 차이를 스스로 극복하기 힘들기 때문이다. 용적률이 거품의 원흉이다. 토지 역시 아파트의 경쟁상대가 될 수 없다. 완성도의 차이를 극복할 수가 없기 때문이다. 토지는 부동산 중 유일무이한 미완성물 상태로 바닥면적인 건폐율만 사용하고 있는 상태이기 때문이다. 빌라, 단독주택, 토지가 아파트의 경쟁상대가 될 수 없는 건 체급(등급)과 체격 차이가 크기 때문이다. 체력(지속력)은 비슷하나, 체격(크기) 차이가 크다.
고구마와 감자는 오랜 세월 서로 라이벌관계를 지속했고 오이와 호박도 마찬가지다. 라이벌관계다. 자장면과 짬뽕도 오랜 기간 라이벌구도를 그리고 있다. 그러나 수도권과 비수도권은 라이벌관계가 성립될 수 없다. 인구집중도와 관심도, 투자자의 수적 차이 때문이다. 강남 투자자들 중에 지방 사람들이 많은 건 지방 사람들도 자신의 지역보단 서울 강남을 선호하고 있기 때문이다.

자신의 영역을 포기하고 서울에서 자신감을 찾고 있다.

경쟁보단 능력 위주의 사회구조 때문이다. 경험이 많다고 무조건 판단력이 높은 건 아니다. 젊은 인구와 노인인구의 사고 차이를 극복하기 힘들다. 능력과 경력이 다른 건 개인의 저력과 능력은 지역경제력과 지역경쟁력을 정독할 수 있는 결정적인 힘이기 때문이다.

경력은 능력의 도구에 불과하다. 노력은 경력의 원자재다. 결국 노력, 경력, 능력은 그 의미가 다른 것이다. 경력자와 능력 있는 자도 지속적으로 노력(숙련)과정을 밟아야 한다. 노련미는 노력의 결과다.

노력 안 하면 경력과 능력도 한계점에 도달하기 마련이다. 기계와 사람 머리는 오랜 기간 사용하지 않고 방치한다면 녹슬기 마련이다. 천재의 머리도 오랜 동안 사용하지 않는다면 퇴색되거나 퇴물이 되고 말 것이다.

부동산에서의 경력이란 부동산노하우의 재료일 수 있지만 그게 정답이자 정도는 아니다. 변수가 많은 게 부동산 아닌가. 노력 역시 노하우의 도구이지만 이 역시 정답은 아니다. 그러나 능력은 노하우다. 능력이란 실용 및 활용능력의 지배를 받기 때문이다. 경력과 능력이 반드시 비례하지 않는다. 젊은 인구의 능력이 노인인구의 능력과 경험을 압도하는 경우의 수가 많을 수 있기 때문이다.

힘의 차이는 개인의 차이다. 개인의 능력을 배양해야 하는 이유다. 개인의 능력이 모여 국력이 발현하는 것이다.

지역정보력과 지역경제력이 서로 정비례 했을 때 비로소 진정한 희소가치가 발현하여 거품의 허울에서 벗어날 수 있다. 그러나 반비례한다면 거품에 크게 노출되고 만다.

수많은 투자자들이 경기도 화성과 평택을 선택하는 이유는 지역경쟁력과 지역정보력의 다양성과 다변화를 기대할 수 있는 지경이기 때문이다. 지역정보력이 비교적 정확하고 다양한 편이다. 인구가치와 지역가치가 정비례하고 있기 때문이다. 발전 중이다. 성장 중이다.

지역경쟁력 – 예) 화성 : 평택, 성남 : 하남, 수원 : 용인

지역경제력 – 예) 고용효과(고용인구의 확대와 확장–생산성 향상은 지역잠재성의 길목이자 도구!)

여하튼, 지역경쟁력과 지역경제력이 비례했을 때 지역잠재력을 기대할 수 있는 것이다. 지역경쟁력이 진보했을 때 그 효과는 크다. 마치 행정통합을 한 것처럼 말이다. 일단 체격은 크다.

07

경기도 주거인구의 증가와 서울 주거인구의 감소

부동산에 대한 가치 변화의 속도가 빠르다. 그 속도감이 곧 현장감으로 연결되나, 지각 있는 사람들은 삶의 가치와 연계(연동)하려 노력하고 있다.

전원도시와 직주근접이 가능한 부동산에 집중하는 것이다. 4차 산업이 사회이슈화가 되고 있지만 1차 산업도 최대 관심사가 될 수 있다. 1차 산업과 4차 산업이 연결된 상태가 바로 전원도시를 지향할 수 있는 상황일 테니까.

4차 산업혁명을 운운하기 이전에 4차 산업의 대선배가 1차 산업이라는 사실을 한시도 잊어선 안 될 것이다. 4차 산업의 자궁과도 같은 존재가 바로 1차 산업이기 때문이다. 1차 산업과 4차 산업이 분리되면 환경오염도와 초미세먼지의 심각성은 상상을 초월할 지도 모른다.

1차 산업(대자연의 상황)과 4차 산업(대도시의 상황)을 연결할 수 있는 가교역할 - 2,3차 산업

(대자연으로부터 얻을 수 있는 자원들과 자료들을 통해 새로운 생산력을 높이는 과정, 즉 대자연의 활용법을 바로 인지하는 것이리라)

『1차~4차 산업의 가치의 미완성 - 가치의 특질』

가치의 진화를 기대할 수 있는 이유다.

산업의 가치(산업의 혁명)나 신도시의 가치(신도시 혁명)나 그 특질에서 공통점을 쉽게 발견할 수 있다.

반드시 4차 산업이 1차 산업을 압도하는 게 아닌 것처럼 3기 신도시가 1기 신도시의 역량을 무시할 수 없는 것이다. 이것이 부동산의 진리이자 순리인 것이다. 1차 산업과 1기 신도시가 자본형성의 기본역할을 단단히 하고 있기 때문이다.

'기본' 없는 '자본'은 꿈꿀 수 없다.

'최초'나 '기초'는 미래의 초석이 될 수 있기 때문이다.

가격의 미완성 - 가격의 특징(가격이 오르는 이유다)

요컨대 가치와 가격은 언제든지 변할 소지가 있다는 것이다.

이 땅에 완전한 부동산과 완전한 인간이 존재할 수 없듯 완전한 가치와 가격상태도 존재할 수 없다.

'부동산산업(부동산을 매개로 재화를 창출하는 산업)'은 1차 산업도 4

차 산업도 아니다. 왜냐, 1차, 2차, 3,4차 산업 등을 총망라한 상태이기 때문이다. 서로 단절된 상태의 부동산의 존재가치는 0이다. 불요불급하다.

대자연(1차 산업)과 기계문화(4차 산업)의 연계성 – 인간의 힘이 긴요한 상황

자연과 기계의 만남 – 문명, 문화의 결실(결과, 건설)

서울의 인구가 감소하는 이유는 두 가지로 점철된다. 주거시설의 거품현상과 기계와 자연과의 단절현상 때문이다.
100% 도시지역으로만 구성되어 있는 서울의 지역 랜드 마크는 여전히 강남3구다. 서울의 부동산거품을 주도하는 주도세력이다. 기득권과 특권층이다.

지방오지와 중소도시 – 1차 산업의 가치가 지역 랜드 마크

서울 – 4차 산업을 중심으로 이루어진 공실률 높은 거대 공간

1차 산업과 4차 산업을 연계하려고 무진 애를 쓰는 지자체가 있다.

예) 3기 신도시가 있는 광명시흥 테크노밸리조성지역 – 광명시흥은 성남이나 용인, 수원 등과 달리 수도권에서 비교적 낙후된 지역으로 점철된다. 그러나 광명시 가학동 일대와 시흥시 논곡동 일대에 일반산업단지, 도시첨단산업단지, 유통단지, 배후주거단지 등 4개 단지가 입성, 구성을 예고한 지경

부동산산업이 1차 산업, 2차 산업, 3,4차 산업 모두 해당하는 건 작금의 건강장수 및 힐링시대, 전원시대와 부합+연계돼서다. 전원도시의 특성을 수용+지향하고 있는 판국이다. 경기지역 인구가 급증하는 이유다.

녹지와 농업의 의미가 개발의 모토이자 기반이 되어 개발을 실천하지 않으면 안 된다. 녹지와 농업이 죽는다면 땅도 덩달아 사멸될 것이다. 사람도 멸종위기에 직면할 것이다.

우리는 최고의 큰 경험을 한 민족이다.

동계올림픽 개최라는 실전경험을 통해 자연의 보지능력은 높지만 자연의 복원능력은 그렇지 않다는 사실을 몸소 체득한 것이다. 대자연의 성질은 마치 쭈욱 늘어난 용수철의 성질과도 같다. 일단 움직이면 원상태로 복원이 불가능하다.

■ 투자지역과 거품지역의 연계성

투자지역으로서 명성도가 높은 곳엔 항상 거품수준이 높게 형성되어 있다. 문외한들도 몰려들어 거품을 거든다.

국토를 양분할 때 투자지역과 실수요지역으로 대별하듯 강자가 집중 몰려 있는 곳과 약자가 집중 몰려 있는 곳으로도 구분할 수 있을 법하다.

전자의 경우가 서울 강남지역으로 대한민국 대표적 거품지대일 것이고 후자는 국토 대부분이 여기에 해당할 것이다.

부동산에 관한 부의 편중현상이 너무 심하다. 인구분포상태에 따라 희소가치, 투자가치가 결정된다. 예컨대 자금력이 곧 경제력인데 사람의 가치가 돈이라는 것이다. 언제나 그렇듯 금력과 권력은 한데 집결할 수 있는 대표적인 힘이다. 사람과 더불어 도로 역시 가치의 표상이다.

도로 사용가치가 높은 지역 - 예) 환승역세권의 힘

도로 사용가치가 낮은 지역 - 예) 큰 도로와 작은 도로의 관계가 소원한 경우

도로의 힘과 인구의 힘이 바로 연계되었을 때 높은 가치를 기대할 수 있을 것이다. 작은 도로와 작은 부동산이 연계되거나 큰 도로와 작은 부동산이 연계되어 큰 가치를 발휘할 수 있을 것이다.

강자와 약자의 기준 – 일자리 활용 및 창출능력

일자리 활용가치의 높낮이를 통해 지역경제를 조율할 수 있다. 고용인구가 곧 지역의 힘과 가치를 한껏 끌어올릴 수 있는 것이다.

강자의 기준 – 경제활동인구와 금력, 권력(노동자가 급증한다)

약자의 기준 – 노숙자와 실업자가 급증한다. 이들은 서로 가깝다. 장기 실업자의 미래가 노숙자가 될 수도 있기 때문이다.

지역가치는 약자와 강자의 집중도, 그리고 거품여지에 따라 결정되는 게 상례인데 거품이 심한 지역은 난개발지역이다. 개발가치에 대해 의구심을 갖는 지역이다. 그러나 거품청정지역은 힐링공간이다. 보전가치가 높은 지역으로 명명된다. 대한민국이 조금이나마 희망적인 것은 힐링공간이 넓게 분포되어 있어 거품청정지역이 대부분이라는 사실이다. 즉 개인적으로 기회의 공간과 기사회생이 가능한 공간이 광대하다는 것이다.

■ 부동산투자의 기본은 길 투자

부동산투자는 길(路) 투자이다. 영원히 변할 수 없는 투자의 공식이다. 길이 사라지는 날이 바로 사람이 멸종되는 날이기 때문이다.

예) 철로(역세권)

육로(역세권과 반드시 연계된다. 그러나 실패한 역세권도 있는 게 현실. 이는 철로와 육로 관계가 단절되었기 때문이다)

부동산투자의 과정이 길 투자인 건, 철로에 투자하거나 육로에 투자하는 것이기 때문이다. 역세권에 투자하거나 그와 연계된 공간에 눈독을 들인다. 땅(예-지상권)과 연계되지 않은 역세권은 존재할 수가 없기 때문이다. 철길에 투자하는 과정이 곧 땅에 투자하는 것이다. 지상권과 역세권의 조화, 교화과정은 독보적이다. 독창적이다.

길의 특성 – 독자노선보단 주변의 연계성이 중요하다.

역세권의 특성 – 주변노선과의 활발한 관계+연계가 중요하다.

환승센터의 발달이 그 좋은 실례다. 수인분당선 수원역이나 신분당선 광교중앙역의 환승센터는 지역자랑거리로 손색이 없다. 비교적 진보적이고 독보적이라 할 수 있어 하는 말이다.

역세권의 편익시설 중 중요한 부분이 환승센터의 범주다. 이는 부동산의 기본적 성질인 고정성, 잠재성, 연계성, 그리고 접근성과 연계될 수밖에 없는 구조 때문이다.

경기도의 빼어난 역세권의 환승센터는 서울의 유동인구 급증현상과 맥을 함께 한다. 역세권의 빼어난 환승센터가 일종의 빨대효과인 셈이다. 즉 서울 부동산의 거품증상을 악화시키는데 이바지를 하고 있는 것이다.

08

부동산 거품이 빠지지 않는 이유

'도시지역'은 거품의 재료다. 100% 도시지역으로 구성되어 있는 서울의 거품이 빠지지 않는 이유다. 인구규모가 작은 강원도 평창군엔 평당(3.3㎡) 5만 원짜리 땅이 즐비하지만 인구구조가 다양한 서울엔 그런 땅 찾기는 불가능하다. 이는 인구의 차이 때문이다. 지역위치(입지)와 브랜드(이름값)의 차이다. 꼴값과 이름값의 차이다. 꼴값은 거품제조기!

서울인구 규모 〈 경기도 인구규모

갈수록 인구의 차이가 심하다. 그러나 경기도 내에 평당(3.3㎡) 5만 원짜리 땅이 존재한다. 서울과 달리, 용도 및 지목이 다양하기 때문이다.
서울 25개 자치구와 경기도 31개 지자체의 차이 때문이다. 강남 3구의 존재감과 현장감, 생동감은 서울의 거품을 보지, 보증한다. 거품의 보증수표이다.

서울과 경기도의 차이가 곧 용도지역의 차이다. 비도시지역이 존재하는 경기도와 달리, 서울은 비도시지역이 없어 거품이 빠질 수 있는 여력, 여유가 없다. 서울 사람들의 발걸음 속도와 지방오지 사람들의 발걸음 속도는 비교조차 할 수 없을 정도로 큰 차이점을 나타낸다. 땅값 오르는 속도와 사람들 발걸음 속도가 서로 연관되어 있다고 보아도 의심의 여지가 없다.

서울의 용도지역과 지목은 지나치다 싶을 정도로 단순하다. 경기도의 용도지역과 지목이 다양한 건, 서울 대비 경기도에 여유 공간과 자유의 공간이 풍족하다는 증거다. 서울보다 개성이 강하고 풍부하다. 잠재성이 높은 이유다.

서울의 특징 – 땅 투자자 〈 아파트투자자

단독주택 투자자는 거의 찾아볼 수가 없다. 단독주택의 성격과 땅의 성질이 매우 흡사하기 때문이다.

범례) 땅은 용적률을 사용할 수 없는 상태이고 단독주택과 빌라 (소형 공동주택)의 용적률 크기는 작다.

결국, 부동산거품은 부동산크기(용적률=외모)에 의해 형성되는 것이다. 마천루와 초고층아파트의 공실률이 높은 이유다.

마천루 – 지역 랜드 마크(거품 주입이 가능한 지경)

초고층아파트 – 지역 랜드 마크(역시 거품 주입이 수월)

부동산의 거품은 용적률, 즉 높이와 연결된다. 바닥면적인 건폐율에 큰 영향을 받지 않기 때문이다. 단독주택(다중주택, 다가구주택, 공관), 빌라, 토지 소유주는 아파트 부녀회처럼 큰 활동을 하지 못한다. 대규모 아파트단지의 부녀회 활동범주와 비교조차할 수 없다. 용적률 등 '크기'에 매몰된 상태다. 재건축아파트역시 거품주입의 기회다. 용적률 상향 조정이 가능해서다. 재건축과 재개발지역 주변의 경우 중개업소가 급증세다. 새로운 거품을 주입할 수 있는 기회! 용적률(크기)과 중개업소 수에 의해지역거품수위가 결정되는 것이다.

거품지역의 특징 – 중개업소의 급증현상(가격담합행위가 가능하여 부녀회의 파워를 능가한다)

지역복부인(≒부녀회, 자치회)**과 졸부**(벼락부자)**의 공통점** – 거품을 만드는 자

지역가치를 거품가격으로 무마(희석) 시킨다. 즉 거품이 지역가

치를 대변하다 보니 지역주민들이 이성을 잃고 만다. 실수요자가 투자자로 변신하여 거품에 동참하는 주거인구가 급증한다. 대형 공동주택이 거품의 주범이다.

공동주택 – 아파트, 연립주택, 기숙사, 다세대주택(주택으로 쓰는 층수가 5개 층 이상 – 1층 전부를 필로티구조로 하여 주차장으로 사용하는 경우 필로티 부분은 층수에서 제외된다)

부동산거품의 원자재는 대형 공동주택인 아파트와 완성도 높은 토지다. 재건축1번지인 강남 아파트가 거품의 진원지인 셈이다. 땅값거품은 경기도 일부지역(화성, 평택, 용인일대)에서 발생한다. 이들 지역은 택지가 다양하고 공업단지(대기업)의 존재감과 현장감(박진감)이 크기 때문이다. 거품의 온상이다. 거품 제조기다. 단독주택과 빌라가 거품을 조장하는 경우는 거의 없다. 외려 거품을 제거하는 역할을 하고 있기 때문이다. 거품과 무관한 건 용적률 크기가 제한되어 있기 때문이다. 용적률 상향이라는 기적적인 일이 절대로 일어날 수가 없다.

09

땅값 폭등하면 인구집중도 높아지나?

땅값 급등하면 반드시 인구가 급증하는가? 그리고 땅값 급락하면 반드시 인구가 급감하는가? 아니다. 땅값이 오를 때 거품이 두려워 접근조차 하지 못하는 사람이 생길 수 있고(거품은 무관심을 만들기도 한다) 땅값이나 집값이 떨어질 때 실수요자가 접근할 가능성이 높기 때문이다. 대다수 무주택 서민들 입장에선 기회가 될 수 있기 때문이다.

그러나 인구가 증가하면 반드시 땅값은 오르고 인구가 감소하면 땅값은 미동조차 하지 않을 거다. 무관심은 무섭다. 나 홀로 부동산은 '독'이다. 고독한 부동산은 독이다. 사람들 관심도가 낮아 지역 애물로 오랜 기간 방치되고 만다. 마치 재개발지역의 존치구역처럼 말이다. 한쪽은 꾸준히 진보하지만 다른 한쪽은 시간이 흐를수록 존재가치가 마구 떨어져 가치의 차이가 극과 극으로 변한다.

부동산(예-아파트)이 증가한다고 반드시 부동산가격이 오르는 걸까? 부동산이 감소한다고 반드시 부동산가격이 떨어질 수 있는

걸까?(폐가 급증현상)

아니다.

공실률이 관건이다. 공실률 검토과정이 필요하다. 외모(부동산의 양적가치)보단 내실(부동산의 공실상태)에 충실해야 한다. 지역부동산의 공실이 중요한 건 인구증가상태가 바로 부동산 가치판단의 기준이자 소프트웨어가 될 수 있기 때문이다. 인구는 부동산 동산화의 강력한 도구가 될 수 있다. 부동산 자체가 하드웨어상태이기 때문이다. 가치가 하드웨어인 경우 가치를 움직이는 힘이 곧 인구의 힘인 것이다.

가치 자체가 무의미한 경우가 있다. 수치 자체를 가치로 무조건 인정하려는 열의이다. 수치는 가치의 일부분일 뿐 전부가 될 수 없다. 지역공실률과 부동산공실률이 높다는 건 거품의 공간을 인정하는 것이다. 공실은 거품의 증거다. 거품의 의미 때문이다. 가치와 가격이 단절된 상태에선 거품이 주입되기 십상이다. 거품지역은 실수요자(주거인구)보다 가수요자(투자자들)가 더 많다. 삶의 질에 매진하는 실수요자가 거품을 만들지는 않기 때문이다. 투기세력이 만연하는 곳은 삶의 질이 낮다. 투기꾼은 사기꾼 습성을 닮아 거품을 주입시킨 후 대거 이동한다. 상처의 흔적을 크게 남기고 떠난다. 거품(상처) 자체가 삶의 질을 파괴하는 병균이다.

실수요자의 특징 – 급증하기 쉽지 않다. 실수요자는 가격보다 삶의 질, 즉 가치에 직접적으로 지배 받는 인구(입장)이기 때문이다.

가수요자(투자자)의 특성 – 급증하기 십상. 호재와 언론 기사 하나에 매몰, 역동하는 인구가 바로 투자자이기 때문이다. 뜬소문 하나에도 투자자가 급증한다. 일시적으로 거래량이 급증하는 경우도 있다. 실속이 없어 속 빈 강정이다. 즉 거품 거래가 급증하고만다. 지속력이 떨어진다. 이동복덕방의 생명력은 0이다.

부동산과 인구가 단절된 상태는 지역공실이 높은 상태로 지역사용가치가 낮은 지경이다.
부동산과 인구 관계가 연계된 상태는 지역의 사용가치가 높은 지경이다.

잠자리가 증가하는 지역 – 주거지역과 관련된 지역(주거인구는 지역가치를 직접적으로 가늠할 수 있는 소중한 척도이다)

일자리가 증가하는 지역 – 상업 및 공업지역과 관련된 지역(노동인구와 관련되어 지역경쟁과 직결된다)

놀자리가 증가하는 지역 – 상업 및 녹지지역과 관련된 지역(소비

및 유동인구와 직결된다)

'자리'도 중요하지만 '자리의 입지'도 중요하다. 입지가 형편없다면 인구가 감소할 수도 있기 때문이다.

미분양아파트와 공실률 높은 상업시설은 사람들 관심보단 의심이 증폭된다. 거품수위가 높다는 의심 말이다. 답사과정 중 모색할 부분은 희소가치를 통해 거품수위를 감독(정독)하는 것이다.

부동산의 가성비(부동산의 고유의 성질)와 가심비(부동산의 군중심리)를 정조준 해야 한다. 인구수준, 공실상황 등을 조율한다. 거품의 형태는 반드시 두 가지로 분화한다.

1. 사람들 머릿속에 똥이 가득 찬 경우 – 가치보다 가격이 올라버린다. 무의미!
정신세계에 문제점이 발견된다.

2. 부동산에 호가만 가득 찬 경우 – 시가보다 호가에 올인 한다.
타협 없이 일방적으로 정한 가격이 부르는 가격이다.
궁극적으로 '큰 소리 친 자'가 이긴다.

부동산세계에 문제점이 발견된다. 무조건 건축물만 많은 건 마치 거래량만 많은 현상과 같은 것으로 실속이 없다.

갑자기 건축물이 급증하고 거래량이 급증하는 건 실속 없다. 실용적이지 못해 실효성에 의심이 간다. 거품이 주입될 게 분명하기 때문이다. 투기세력인 이동복덕방들의 활약상을 의심 안 할 수 없는 지경. 무조건 건축물이나 시설물이 증가한다고, 그리고 거래량이 증가한다고 반길 건 아니다. 공실 및 주거인구의 상황이 지역가치의 핵심이기 때문이다.

10

역세권 가치와 땅 가치

　　　　　　고수가 현장답사 시 집중하는 건 '주변시세'
보단 '주변정세'다.

역시 주변 부동산의 가격을 알아보기 보단 주변 부동산의 가치
를 견지하는 것이다. 시세는 가격이고 정세는 가치를 적극 대변
하기 때문이다. 가격은 수시로 변질되는 현재의 모습이고 가치
는 쉽게 변질되지 않는 미래의 모습이기 때문이다. 진보적인 사
고가 투자가치를 보장하고 보증한다. 가격은 부동산주인의 임의
로 의도대로 정하지만 가치는 생명력과 지속력을 보장한다. 보
지한다. 가치견지과정은 가격신뢰도와 정확도를 업데이트할 수
있는 기회다.

가치는 신뢰도와 정확도가 높은 편이다. 가격은 관심도 대비 정
확도가 떨어진다. 가치는 관심도와 집중도가 높다. 가치는 연구
대상이지만 가격은 연구 대상에서 제외해야 한다. 정확(정밀) 할
수가 없어서다. 지속력이 떨어진다. 부동산주인의 맘이 자주 바
뀌듯 가격 역시 들쭉날쭉 수시로 바뀐다. 종잡을 수가 없다. 부

동산주인과 중개인이 가격을 창조한다. 적극적이고 공격적으로 조율한다. 부동산에 정가가 없는 이유다. 호가와 시가 사이가 정가라고 정의할 뿐이다. 그러나 지극히 형식적이라 정확도 면에서 매우 떨어진다.

역세권 가치와 땅 가치 – 현장답사 시 역세권 주변과 땅 주변 정세를 바로 견지할 필요가 있다. 역세권 자체와 땅 자체만 보면 무의미하다. 진보적일 수 없다. 역세권 규모와 화려함보단 그 주변을 보고, 땅 규모와 모양새에 집중하기보단 주변 정세를 정밀히 뜯어본다. 진정한 역세권의 화력은 겉모습의 화려함과 거대함보단 실용성이 우선이다. 비어 있는 큰 부동산은 지역 랜드 마크의 속성을 상실할 수 있는 상황이기 때문이다.

역세권 주거인구가 지역 랜드 마크(지역 색깔)가 될 수 있고 역세권 주변인구가 그와 동일한 가치를 발산할 수 있다.

주변인구는 유동인구 등을 말하는데 주변인구의 '변' 은 '변수' 의 줄임말이다. 특수한 효과를 기대할 수 있는 이유다.

결국 역세권이건 땅이건 '인구' 라는 '변수' 가 한 지역을 지배+대변하는 것이다. 부동산변수 중 가장 큰 변수가 바로 인구변수인 것이다. 사람이 증가하는 지역과 감소하는 지역으로 구분할 수 있는 이유다. 지역가치 기준이 되고 말았다. 자연적인 현상으로 받아들여야 한다. 억지로 인위적으로 인구를 감소 혹은 증가

시킬 수 없기 때문이다. 인구변수 앞에 손을 쓸 수가 없다. 계획
인구에도 변수가 작용(작동)하는 판국이다.

■ 역세권과 전철효과(기대감)

역세권에 관한 전철 기대효과의 덩치(가치의 크기)는 어느 정도
일까.
두 가지 길로 접근이 가능하다(가치의 크기 〈 가치의 질).

1. **속도감** – 시속이 판단의 기준이나, 그것은 별 의미 없다. 무조
건적으로 빠른 게 능사는 아니니까. 물리적 안전성에 집중하지
않으면 안 된다.
안전이 담보되지 않은 빼어난 속도감은 무의미하다. 해당지역의
사고율과 사망률만 높아질 뿐이다.

2. **거리감** – 법적 반경 500미터도 큰 역할을 할 수가 없다. 가깝
다고 무조건 성능이 뛰어나다고 말할 수 없기 때문이다. 거리가
가깝지만 인구가 감소한다면 역 역할을 제대로 하지 못하고 있
는 것이다. 차라리 500미터라는 '거리의 수치' 보단 5,000명이
라는 '인구의 수치' 에 집중하는 편이 유리할 것이다. 즉 거리보
단 인구수에 집중하자는 것이다. 역과의 거리가 멀어도 인구가

꾸준히 증가한다면 그곳의 부동산가치는 계속 업로드 될 게 분명하다. 직접역세권의 힘과 간접역세권의 힘이 하나로 뭉칠 수 있는 기회의 공간이 될 수 있기 때문이리라.

고속도로의 속도감과 전철의 속도감엔 큰 차이점이 있을 수 있다. 속도가 모든 사안(가치)을 대변할 수는 없을 것이다. 전철은 난공사다. 물과 산을 넘어 터널공사를 수행해야 하기 때문이다. 고속도로 터널공사보단 난개발인 건 기정사실이다. 이러한 수고와 애로사항과 에너지를 무시할 수 없다. 전철 가치를 적극적으로 인정해주어야 하는 이유다.

현실적으로 고속도로가 저속도로인 건 사실. 현실이다. 특히 유동인구가 많은 휴가철이나 명절 등 국가적으로 대형행사가 있을 땐 고속도로의 속도감(기능)은 의심을 받게 된다. 통행료 받는 것도 무리라 할 지경이다. 전철의 필요성이 대두되는 이유다. 전철의 속도는 순수하다. 약속을 준수한다. 속도를 준수한다. 역세권 법정 반경과는 다른 이치(약속)다. 수치의 의미가 다르다.

속도와 거리의 차이다.

고속도로의 장점보다 더 많은 게 전철의 강점이다. 고속도로 연장노선보단 수도권 전철연장노선에 기대감이 더 큰 이유일 것이다. 필요성이 대두되는 상황이다. 완성된 수인선(예-화성시 야목역, 어천역)이나 완성 목표인 신안산선이 그 좋은 실례라 하겠다.

전철과 버스노선의 차이는 교통체증현상의 유무(역시 속도감은 별 영향이 없을 듯하다. 교통량에 지배 받기 때문)이다. 작금은 초스피 드시대. 여전히 사람들은 급하다. KTX로는 만족을 못한다. 최소한(?) GTX급 정도는 되어야 직성이 풀릴 듯하다. 늘 시간에 쫓긴다. 물리적으로 속도감이 높다고 환금성도 높은 건 아닐 것이다. 투자도 급하다. 급하게 한다. 속도감과 거리감에 목숨을 건다. 현장감과 박진감, 그리고 속도감과 거리감 등에 의해 마음이 이동한다. 몸이 이동한다. 제육감이 드디어 발휘, 발동하는 것이다.

부동산가격이 이동한다.

신분당선의 존재가치 - 강남과 광교를 직접 연결하면서부터 전쟁(경쟁)이 치열하다.

경기도의 몸값이 거대, 비대해지고 있다.

제2의 강남이 늘어나고 있는 것이다. 분당, 판교, 광교까지. 심지어 광주도 언감생심 제3의 강남을 노리고 있다. 강남을 자처, 자부하는 지자체가 늘고 있다. 광교의 현 상황은 탁월하다. 두 100만 거대도시 수원과 용인에 예속된 잠재력과 희소성 높은 공간 아닌가. 지금과 같아선 인구 자체로는 제2의 강남 모양새다. 용인의 인구증가세가 뚜렷하다. 용인 인근의 광주 역시 인구규모는 작지만 인구증가세는 타의 추종을 불허할 지경이다. 판교,

광교, 분당 대비 지역경쟁력과 경제력 수준은 미미하나, 가격경쟁력만은 유리하다. 평당(3.3㎡당)가격이 평범하다 보니 평민들에게 인기다. 속도감과 거리감 외에 접근성의 중대성을 강조할 수 있는 대목이다. 거대함과 화려함보단 접근성이 우선인 것이다. 접근성보다 크기와 디자인 등 외모에 집중하다 보니 거품을 의심 받는 것이다. 가수요세력이 실수요인구를 압도할 수 있어 소시민입장에선 접근이 용이하지 않을 것이다. 거품의 난제를 반드시 풀지 않으면 안 되는 이유다.

11

구더기 무서워 투자 못하는 바보들

땅 투자를 두려워하는 건 규제의 공간에 대한 잘못된 인식 때문이다.

예) 규제의 공간≠상처의 공간

'상처'가 '투자처'가 될 수도 있기 때문이다.
이를 테면 군사시설보호구역이나 개발제한구역의 상처가 투자처로 변신하는 경우의 수가 생긴다. 군부대를 이전하거나 규제해제과정을 밟을 때이다. 문화재보호구역의 경우 이전 및 해제가 불가능하다.
따라서 문화재보호구역과의 거리를 따져봐야 한다. 거리에 따라 숫자로 등급이 매겨지기 때문이다(예-1구역~4,5구역).
급수가 높을수록 규제공간과의 거리가 멀다. 문화재보호구역과의 거리를 정확히 측정하기 위해선 문화재청에서 반드시 확인해야 한다.

'거리(고정성)'에 따라 '거래(환금성)'가 달라지기 때문이다.

문화재보호구역의 경우 규제해제가 불가능한 건 과거의 가치를 기록해야 하기 때문이다(과거를 증명할 수 있는 증인 채택이 불가능한 상태라 현재로선 100% 기록과 흔적에 의존할 수밖에 없는 것이다).

개발 대상 토지 – 맹지

「맹지의 특징 – 상처 입은 땅」

상처의 예) 흙과 비, 눈에 의해 입은 자연의 상처(상태)

권리관계(근저당설정 등) 등에 의해 입은 상처와 그 의미와 가치가 다른 것이다.

대자연은 무질서와 무관한 지경이다. 대도시와 다르다. 질서정연한 예술무대가 바로 대자연이기 때문이다. 개발 시 무질서해진다(난개발). 도시로 진보(진입)하기 위한 난산의 고통이다. 개발이란 시골과 도시가 서로 연결되는 과정인 것이다. 도시지역과 비도시지역 간의 교통과 소통을 위해 반드시 고통이 뒤따른다.

예) 건축허가과정에서 무리수가 따른다면 무허가 수준!!

리스크 크기가 크다. 단순히 용적률에 집착하는 경우 실수를 범하기 십상이다. 따라서 투자자는 1순위와 2순위 구분을 잘 해야 한다(순서도 작성 작업이 긴요하다).

투자의 1순위 - 규제공부

예컨대 투자자는 규제해제의 가능성을 예측해야 한다.
예측 가능한 규제해제공간이 존재한다. 개발의 필요성의 검증과정을 통해 예측과 예감이 가능한 것이다.

투자의 2순위 - 개발공부(도로 공부과정)

규제의 공간이 곧 개발 공간이어야 하는 건, 경제적 가치를 추구해야 하기 때문이다. 무조건 최소비용으로 시작해야 리스크를 줄일 수 있는 것이다.
개발과정은 규제가 변하는 현상(증상)이다. 자연이 파괴되는 과정 중 하나인 것이다.
미개발공간은 규제강도가 높은 지경이다. 해제의 가능성은 0%이다. 가령 접근도 낮은 절망적인 맹지상태가 발전하는 경우는 거의 없기 때문이다. 입지상태가 좋은 맹지가 개발대상이다.
개발과정(문명)은 규제의 지경(범위)이 변할 때 발현한다.

개발효과 – 새로운 문화와 문명의 발굴, 발견이야 말로 최고의 가치를 누릴 수 있는 시발점이리라.

새로 선출, 산출된 '부동산문화'는 부동산 '용도의 변화'와 무관치 않다.

용도지역 – 토지의 이용과 건축물 용량(용적률) 등을 제한(규제)하여 토지의 실용화(도시관리계획)에 노력할 수 있는 토대(지역)

용도구역 – 용도지역과 용도지구를 제한(강화 혹은 완화과정) 하여 토지이용의 조직화(도시관리계획)에 노력을 기울일 수 있는 토대(구역)

용도지구 – 용도지역을 증진시키고 미관, 경관, 안전을 도모하기 위해 도시·군관리계획으로 결정되는 지역

예) 경관지구, 고도지구, 방화지구, 방재지구 등

도시기본계획 – 도시관리계획의 수립 지침이 되는 토대

도시관리계획 – 1. 용도지역, 용도지구의 지정, 변경에 대한 계획

2. 개발제한구역, 도시자연공원구역, 시가화조정구역의 지정,

변경에 대한 계획

3. 지구단위계획구역의 지정, 변경에 대한 계획

도시기본계획의 '기본'의 가치는 마치 연기에 '대본'이 필요하고 투기에 '자본'이 필요한 것과 같은 이치다.
투기가 존재함으로 규제의 필요성이 대두되는 것이다.

『투기+규제=투자』

부동산 규제의 목적 – 투기 방지.
투기가 거품의 주범, 거울, 온상이기 때문이리라.

우리나라 부동산정책은 단순하다. 예측 가능한 대책이 난무해서다. 거의 남발 수준! 예측 가능한 부작용이 남발하여 그게 더 큰 문제다.

예) 궁극적으로 부동산은 무조건 오른다!

부동산정책=규제정책

(가격거품 죽여 버리기 대작전! 그러나 죽지 않는다)

규제정책은 한심스럽다. 소모전일색이기 때문이다.

시간과 에너지 낭비다. 악순환의 반복이다. 규제에 대한 풍선효과가 심한 지경!! 여론을 무시한 강제규제가 한심스럽다 보니 매번 의심스럽다. 규제에 대한 신뢰도가 떨어지는 이유이리라. 규제에 군이 관심 가질 필요가 없는 이유다. 규제 대상 공간은 뻔하다. 거품증상이 심한 공간을 대상으로 단기적으로 규제를 가하기 때문이다. 투자기간이 있듯 규제기간이 있다. 늘 사용하는 각본(레퍼토리)대로 사람들은 이동한다. 투기꾼(이동복덕방)들의 이동경로는 별도로 마련되어 있다. 갈수록 수도권 힘이 강대해지는 이유다. '규제'는 '개발을 자제'하라는 의미다. 일방적으로 개발을 막겠다는 의미가 아닌 것이다. 규제를 작동시키는 건 난개발 방지를 통해 지역공실을 줄이기 위해서다. 건강한 부동산 배치상황을 보지한다. 투자자가 알아야 할 건 국토를 구분할 때 규제에 따라 개발공간과 미개발공간으로 분류가 가능하지만 국토구분을 무리하게 규제 및 비규제공간으로 나눌 필요가 없다는 사실이다. 규제는 장기 및 단기규제로 구분되어지고 국토 자체, 전체가 규제의 온상이기 때문이다.

규제공간인 광대한 녹지공간 안에서 개발이 이루어지는 것이다. 단기규제가 언제든지 가해질 수 있는 상황이 국토의 분위기다. 비규제 및 규제공간으로 구분하지 말아야 하는 이유다. 국토의 원료가 금수강산 아닌가. 서울에도 규제가 심하다. 거품

1번지이기에 항시 단기규제 범위 안에 들어가 있다. 한강의 가치 자체가 규제의 온상이다. 조망권으로 극화되고 있는 실정 아닌가. 조망권이 거품의 도구로 악용되어 문제다.

100% 도시지역으로 구성되어 있는 서울 내에도 개발제한구역, 군사시설보호구역, 문화재보호구역 등이 다각도로 분포되어 있다. 즉 용도구역이 존속하여 국토는 규제의 온상인 것이다. 용도지역 하나로는 국토의 이용관계를 관철하기 힘들다.

토지의 이용 및 규제에 관한 공부와 연구가 절실하다.

경기 및 지방 – 물과 산으로 포장(규제) 되어 있다.

(예-수변구역, 상수원보호구역, 보전산지)

물과 산은 삭제의 대상이 아니다. 규제의 대상인 물과 산을 응용할 수 있기 때문이다. 이를 테면 조망권으로 극화가 가능하다.

『**서울과 경기도의 연계성과 연속성을 강조하는 규제사안 – 한강의 존재감**』

한강은 규제대상이지만(물 보호) 프리미엄의 재료로 응용가치가 높다. 서울에 아파트가 많은 건 아파트 재료가 한강이기에 가능한 것이다. 아파트가 많은 하남과 김포 역시 미사강변도시와 한

강신도시를 통해 조망권을 그렸다. 서울인구의 생명의 젖줄은 한강의 존재감과 현장감, 생동감이다. 강북(14개구)의 가치와 강남(11개구) 가치의 기준선이다.

대교(교량)의 수 − 31개(고양시~서울시~구리시)

경기도의 수 − 31개 지자체(일산대교~팔당대교)

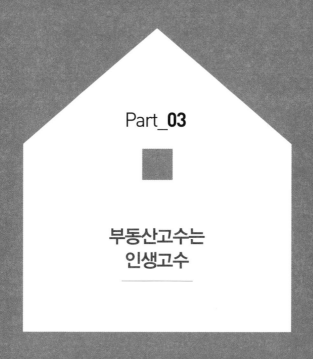

不動産은 人生이다
eal Estate Is Life

Part_03

부동산고수는
인생고수

01

고수가 원하는 개발목표

하수가 생각하는 개발의 목적과 고수가 바라는 개발명분은 다르다. 하수가 생각하는 개발이란 투자가치를 높이는 것이지만 고수가 생각하는 개발목적은 실수요가치를 높이는 과정이기 때문이다. 즉 실수요인구를 모집(모색)하는 것이다. 투자자를 모집하는 공간은 투기의 공간이기 때문이다. 투자자 모집에 집착한다면 지역공실과 미분양아파트가 증가할 수밖에 없다.

실수요가치가 곧 투자가치라는 사실은 진실이다. 이 두 가지 가치는 반드시 연결된다. 부동산의 영원한 진리이기 때문이다. 순리다. 실수요인구가 가수요인구를 압도할 수 있는 구조 때문이다. 정부의 단속과 규제 대상이 실수요인구인 경우는 절대로 없다. 실수요인구가 한 지역의 존재가치를 책임지는 핵심인구이기 때문이다. 상주인구이기 때문이다. 가수요세력은 지역주인이 아니다.

1. **개별적인 개발사안** – 실수요공간의 가치를 높이는 것(규모가 작은 실수요 공간)

예) 건축행위

2. **공적 개발사안** – 실수요공간의 가치를 높이는 것(규모가 큰 실수요 공간)

예) 한 지역의 실수요가치를 극대화하는 것

1의 상황 – 지목변경 및 형질변경(전용과정)

2의 상황 – 용도지역의 변화

개발목적이 단순히 투자자를 모집하는 것이라면 지역가치와 수명이 단축될 수 있다. 아파트 건설 역시 투자자를 모집하는 것이라면 지역가치가 추락할 것이다. 하우스푸어가 증가할 수 있기 때문이다. 하우스푸어는 거품에 상처를 크게 입은 사람(투자자)이다. 지역거품은 지역가치를 마구 떨어뜨리는 벌레다. 지역거품은 실수요인구가 아닌 가수요인구에 의해 주입된다. 하수는 거품을 구입한다. 하우스푸어는 고수가 아니다.

02

부동산투자의 최종목적지

　　사랑의 3대 조건이 배려와 양보, 겸손 등으로 점
철되는 건 사랑이란 화려함보단 상식을 적극 요구하기 때문이다.
상식은, 늘 거짓과 장식(액세서리)이 없는 상태를 강조한다.
행복의 조건은 사랑과 믿음, 그리고 여유와 자유로 점철된다. 이
는 투자의 조건과 연계된다. 투자의 조건도 사랑과 행복, 그리고
여러 유형의 여유(들)이기 때문이다.
부자의 종류는 다양하지만 고수는 그렇지 않다. 다양하면 고수
가 아니기 때문이다. 하수들은 다양하다. 고수의 희소성이 강한
이유이리라.
'사랑'을 많이 보유한 부자와 '사람'을 많이 보유한 부자도 있
다. 자유를 많이 보유한 자도 있다. 돈을 지배할 수 있는 자가 부
자이지만 자유를 보유한 부자가 바로 돈과 시간을 지배할 수 있
는 능력자다. 자유는 불치병을 치유할 수 있는 힘이기 때문이다.
자유가 풍족한 자의 삶의 만족도는 높다.
자신의 처지와 입장을 잘 알고 있다. 부동산 입지를 잘 알고 있

다. 경제적으로 무리수를 두지 않는 이유다. 실패를 안 하는 이유다. 자신의 경제사이즈에 따라 부동산을 동산화, 환금화 시키려 노력한다.

사랑과 투자엔 변수가 자주 등장한다. 변심하기 일쑤다. '변심'을 자주 하면 '변신' 할 수 없다. 변심은 변질과 관련 있기 때문이다. 신분상승을 기대할 수 없는 이유다. 변심은 퇴보를 의미하지만 변신은 진보의 다른 말이다. 즉 신분상승과 진화를 의미하는 것이다.

사랑의 조건은 많을 수 있다. 다양할 수 있다. 사랑에 실패하지 않으려는 노력이다. 사랑의 종류가 다양해서다.

부동산의 조건 역시 매한가지다. 부동산의 종류가 날로 다양화, 다변화 되고 있기 때문이다. 자신의 조건에 부합한 부동산과 인연을 맺어야 한다.

'조건' 은 '조화' 의 다른 말이다.

'조건의 극화' 가 곧 '조화' 라는 것이다. 조건은 핵심(급소)을 모색할 수 있는 힘이다. 동기부여다. '무조건' 을 방어, 방지해야 한다. 무조건 투자하는 건 묻지 마 투자의 전형이다. 무조건적인 사랑은 막을 수 없지만 묻지 마 투자는 적극적으로 막아야 한다. '사랑' 은 '사치' 일 수 있지만 '투자' 는 '가치' 다. 사랑과 투자의 차이점이다. 부동산투자는 삶의 가치에 투자하는 것이다. 개인적으로 가치관의 차이는 있을 수 있지만 삶의 크기와 용량의 차이일 뿐 목표(목적, 도착지점)는 하나다. 동일하다.

'삶'이라는 허울 속에서 자유와 여유를 맘껏 향유, 만끽할 수 있는 새 힘이 필요하다. 투자의 이유는 변신이다. 변화를 적극 요구하는 것이다. 변화가 곧 새 힘!!

변화의 목적지는 자유다. 자유는 자연과 맥을 함께 한다. 순리를 따르는 이유다.

03

감시 대신 감사를 하라

투자자는 두 가지 삶의 방식을 스스로 채택하는데 하나는 감사하는 삶의 방식이요 하나는 감시하는 삶의 형태다. 전자는 자제의 정신과 소통의 정신이요 후자는 견제와 경계, 통제의 눈빛이 작동하는 경우일 테다. 곧 긍정의 힘과 부정의 눈빛의 차이로 발화(점화)된다. 소통의 힘과 불통의 차이인 것이다. 소통의 도구(창구)가 있다. 그건 바로 도로의 현재상태와 미래의 모습이다. 교통은 소통의 결과물이다. 도로와 도로가 연결될 수 없다면 사람과 사람 사이의 대화가 단절된 형제관계와 같은 상황이다. 위기다.

현장답사 시 투자자는 현장에서 감사거리를 찾지만 부정적인 자는 현장을 감시, 감식한다. 감식은 의심에서 비롯되는 부정의 싹인데 말이다. 현장의 모습을 마치 범죄의 소굴로 인식하여 투자자의 모습과 거리가 멀다.

감사 – 소통의 도구(내 몸에 필수적으로 직접적으로 장착해야 하는 소

통장치)

감시 – 불통의 원흉(감시기구는 소통의 장애요소)

감사거리를 제대로 모색한다면 감시 대상물은 무의미할 것이다. 현장감이 100% 완벽할 수 없기 때문이다. 작은 결점이나 오점은 감사거리(장점)로 커버, 보호할 수 있다. 감시 대상은 역시 규제사안(예-거품여부)이다.

'자본' 이 곧 '기본' 이라는 사실 역시 감시의 대상이다. 자본이 또 다른 자본을 재탄생(연결) 시킬 수 있기 때문이다. 여유자금 없이 현장답사과정 밟으면 안 된다. '여유' 라는 정서적 도구가 사라질 가능성이 높기 때문이다. 빚 얻어 집 사듯 그런 형태로 땅 사는 경우도 있을 수 있기 때문이다. 여유를 가지고 투자전선에 입성한다면 결과도 여유로울 것이다. 그렇지만 조급증으로 투자전선에 입성한다면 결과도 그와 비슷한 지경에 이를 것이다. 팥 심은 데 콩 안 난다. 감사를 심은 땅에선 또 다른 긍정이 탄생한다. 부정의 씨앗을 심으면 실패라는 열매를 맺게 될 것이다.

감사거리≒이슈거리(이벤트, 사건)

이슈거리는 두 가지로 분화한다. 좋은 변수와 나쁜 변수로 말이다. 전자가 감사의 대상이라면 후자의 경우는 감시의 대상일 것이다. 감사거리란 개발청사진 뿐만 아니라 규제해제의 가능성도 인지할 수 있을 때 발현할 수 있는 긍정의 파편이다. 감사거리는 삶의 질적 가치의 중요성과 맥을 함께 한다. 감사가 풍요로울 때 삶의 여유도 풍족, 충족할 수 있다.

여유는 감사거리를 낳는 기술이다.

힐링공간도 감사거리 중 하나.

인구증가의 요인일 수도 있다. 개발지역엔 거품이 주입되지만 힐링공간은 거품청정지역이다. 대자연 속에 거품이 주입되는 경우는 없다. 대자연 속에 이동복덕방이나 기획부동산이 들어갈 리 만무하므로.

경기도 양평이나 가평의 경우 기획부동산이 입성할 수 있으나 큰 영향력을 행사할 수는 없다. 그 이유는 대자연의 가치를 숭상하지 않으면 안 되는 상황 때문이다.

양평과 가평은 31개 경기도 지자체 중 땅 면적이 각각 1위와 2위에 랭크되어 있는 개발가치 대비 보존가치가 높은 공간 아닌가. 결과적으로 대자연을 습격(공격)할 수 있는 인간의 힘은 미약하다. 흔적(족적, 성적) 남기기 쉽지 않다. 개발의 힘보단 보존의 힘이 훨씬 강대하다. 광대하다.

대자연 – 개발대상이자 감시(규제=견제)의 대상물

(대자연 자체는 영원한 보호의 대상물이므로)

■ 감정평가의 기준

부동산 가치평가란 부동산 감정평가와 상관있다. 부동산 감정평가는 이론이나 서류보단 현장답사를 통해 발현하는 게 상례. 현장답사과정을 통해 감정을 표출하는 것이 정확도 면에서 높다. 예컨대 현장감이나 박진감 등을 통해 투자를 결정할 수 있다. 서류나 이론을 통해 느낄 수 없는 감정들이다. 답사과정에서 얻을 수 있는 수확과 수치는 두 가지로 점철되는데 하나는 감사해야 할 것을 발견하는 것이요 또 한 가지는 감시할 것을 제대로 견제하는 것이다.

감사와 감시가 동시다발적으로 표출하는 길이 아름다운 길, 안전한 길이다. 순행이 가능하다. 왜냐, 모든 사안을 감사의 대상으로 여길 수는 없기 때문이다. 긍정적 사고가 중요하겠으나 그보다 더 중요한 건 현장점검 시 감시해야 할 대상들, 즉 규제의 상황과 대상들을 바로 체크하는 것이다.

감사할 것 – 현재의 인구상황(인구확보장치와 가치)

감시할 것 – 인구의 질적 가치와 증감상황(예-노동인구와 경제활동

인구의 분포도, 생산가능인구의 증감상태가 감시의 대상이다)

『감시의 대상과 감사의 대상(물) – (현장답사 시) 모색 대상』

감사의 능력 – 진보의 능력과 진화능력

감시능력 – 자제와 자정능력, 그리고 지역소화 및 퇴화현상

부동산의 필요악 – 감시의 대상이자 감사의 대상

예) 규제

(강력한 규제와 그 반대의 경우가 공존하여 규제해제 가능성이 높은 지역의 희소가치가 높다. 왜냐, 국토의 특성 때문이다. 국토는 규제강도 높은 곳이 훨씬 광대하다. 접근성 높은 맹지보다 접근성 낮은 맹지가 훨씬 많다는 의미다. 부동산투자의 실패현상은 예측 가능한 변수 대신 예측할 수 없는 지경의 변수 때문에 발생하는 것이다. 가령 규제해제에 대한 지나친 확신과 자신감이 실패의 원흉이 될 수 있는 것!)

투자자들이 가장 주의해야 할 감시 대상이 있다.
위정자의 태도다. 위정자의 능력과 행동(도덕성)을 예의주시 해야 한다. 공급과잉시대, 선거의 필요성과 무용론이 대두되는 지경이다. 4~5년마다 실시하는 각종 선거를 통해, 즉 민주주의 꽃인 선거 과정을 통해 부동산 가격의 민주화를 이룬다. 개발공약을 자유롭게 난발한다. 평균적으로 매년 실시하는 재보궐선거의 영향이 공약난발의 주요요인이 아닐까 싶다.

감정평가는 전적으로 감정평가사의 몫은 아니다. 감정평가의 기준이 제대로 정립되지 않는다면 공급과잉의 광풍과 더불어 공실을 우려하는 지경에 이르고 말 것이다. 거품의 온상에서 쉽게 벗어날 수 없다. 위정자들의 일거수일투족을 주도면밀하게 감시(판별)할 수 있는 기관(기능)이 필요하다. 그건 해당지역주민과 주인들의 실력(판단력)과 노력이다.

정치인이 위정자를 감시하는 건 소모전이자 시간낭비!!

누가 봐도 그건 전시행정과 전시효과의 표본으로 받아들일 가능성이 높은 것이리라.

모든 국회의원들이 다 그런 건 아니겠지만, 현직국회의원들이 지자체단체장을 감시하거나 평가하는 건, 마치 투기꾼이 투기꾼을 감시하는 효과(시각)와 같은 이치인 것이다.

04

행복의 크기와 부(부귀)의 크기

　　　　　과연 대한민국을 행복의 공간으로 여기는 자가 몇이나 될까.

외모로는 행복하다. 예를 들어 GDP 규모 세계 11위 국가 아닌가. 그렇지만 내면의 세계는 각자도생의 상황이다. 거기서 벗어날 수가 없다. 행복지수가 세계 11위는 아닐 것이기 때문이다. 행복의 크기와 부의 크기가 정비례하는 건 아니라는 증거다.

행복의 재료가 돈과 경제력인 대한민국의 내면의 세계가 건강하지 못하다 보니 작금의 대한민국 안에서 힐링공간이 사회 이슈화 되는 것 아닌가 싶다. 생지를 통해, 녹지상황을 통해 전원생활과 유토피아를 꿈꾼다.

전원생활을 행복한 생활로 연결시키려 부단한 노력을 경주하고 있다. 그러나 기대와 다른 방향으로 시대가 흘러가고 있는 게 현실. 사실이다. 체격(경제규모)은 거대하나, 체력(포용능력)이 형편없다. 체격과 체력이 연결된 상태가 행복지수가 높고 체격과 체력이 반비례(단절)상태라면 행복지수가 낮은 상태인데 말이다.

행복은 인간 힘으로 만들 수도 있지만 발견할 수도 있는 존재가 치다. 인간이 살 수 있는 이유가 '행복의 발견' 이다. 평생토록 진정한 행복을 발견하지 못한 채 죽는 경우도 있다. 불행한 인생이다. 붕괴된 인간이다. 행복은 기회다. 기회는 기획 대상이다. 무조건적으로 기다리지 말아야 한다. 적극적으로 기회를 모색하거나 사색하는 삶을 살아야 할 것이다.

행복이란 누리는 대상이다(성공한 인생이다).

결코 노리는 대상이 될 수 없다(노리는 인생은 실수한 인생이다).

행복사용법을 잘 아는 자가 바로 진정한 성공자요 행복사용방법을 모르는 자는 불행하다.

행복지수 – 행복의 주인인 내가 손수 만들 수 있는 지상최고의 감성지수

「부동산가치 – 부동산주인이 인정(수용) 할 수 있는 최고의 가치」

개발청사진을 해석, 분석할 때 과대포장하거나 침소봉대 하는 일은 절대금물이다. 실패할 확률이 높기 때문이다. 행복지수와 부동산가치가 연결된 상태가 안전구도를 그릴 수 있는 것이다. 왜냐, 대한민국엔 행복지수와 부동산가격이 정비례해야 한다는 비정상적인 논리와 강박관념이 만연해서다.

범례) 새 아파트단지엔 반드시 프리미엄이라는 막강한 새로운 부동산권력이 주입되어야 한다는 압박감!!

행복의 크기와 아파트 크기(땅 크기) – 반드시 정비례하지 않는다. 즉 작은 부동산을 통해 행복의 크기가 거대해질 수도 있다. 효용가치가 떨어지면 행복감을 느낄 만한 여유를 상실하고 만다. 행복이건 부동산이건 그 사용량(실용성)이 중요하다. 돈의 크기와 행복의 크기 역시 반드시 비례하지 않는다. 세계 최빈국 부탄은 지금도 여전히 부동의 행복지수 1위를 고수하고 있는 '인생고수'가 다양하게 분포되어 있는 대형 행복공간이다.

부럽다.

그들이 지향하는 행복의 길은 우리와 다르기에 가능한 일. 도덕성과 부(부귀, 부자)가 반드시 비례하지 않는 것처럼 돈과 행복은 반드시 비례할 수 없다.

전 재산 200만 원에 만족(자족)하여 행복하게 살 수 있는 멋진 인생이 있는가 하면 경제적으로 늘 허기진 전 재산 200억 원을 보유, 보지하고 있는 물질적 부자의 불행한 인생도 있다.

경제적 공복감을 막을 길이 없다. 길이 막혔다.

경제적 공복감에서 공포감이 감지된다.

가난한 마음을 보수(청소)하기가 쉽지 않다. 가난한 마음을 고수하기가 쉽지 않다. 아니, 가난한 마음을 돈으로 보상 받으려는 심리작용이 크다. 평생 배고픈 부자로 산다.

행복해지기 위해선, 우선 나의 처지에 맞는 행복의 재료(도구)를 찾아야 하는 것처럼 부자가 되기 전에 우선 나의 처지에 맞는 부(rich)의 재료(가치)를 찾아야 하는 것이다.

행복의 도구 = 부(리치)의 도구

(부와 행복이 서로 분열되거나 단절, 괴사된다면 그 결과는 불행이니까)

행운의 열쇠(여신)와 행복의 열쇠 - 인간이 늘 갈구하는 삶의 파라다이스

삶을 포기하려는 자, 자살예정자에게 자살을 포기할 수 있는 힘이 곧 행복의 열쇠다.

행복의 뜻을 잘 알고 있는 자에겐 자살은 가래침과도 같은 것이다.

『돈 버는 시간(일하는 시간) - 행복의 열쇠가 필요한 시점』

『돈 쓰는 시간 - 행복사용료가 필요한 시점』

행복사용료 - 후불제(예-행복감과 만족감은 정비례)

부동산사용료 – 선불제(예–정해진 분양가에 의해 수동적으로 움직이는 인간들)

결국 행복사용료와 부동산사용료의 차이는 믿음과 소망과 사랑의 차이다. 신뢰도의 차이다.

행복 – 믿음의 재료가 사랑이요 사랑의 재료가 소망, 즉 서로 연결되는 가치다. 그러나 부동산은 서로 간의 신뢰구축이 힘들다. 선불제가 남용되고 있다. 지금은 선분양후시공의 패악을 잠재울 수 있는 길을 모색할 시점이리라.

■ 건강한 몸을 보지할 수 있는 힘

비우기(배설행위)와 채우기(식사방법) 동작이 자유로울 때 발현한다. 소화기능이 원활하다는 건 비우기와 채우기 동작이 자유롭다는 것이다.

건강한 부동산(지역)을 보지할 수 있는 힘 – 이 역시 비우기(대자연상태, 녹지공간)와 채우기(주거 및 상업공간)가 원활한 공간에서 발현한다.

비울 때 비울 수 없고 채울 때 제때 채울 수 없을 때 건강을 분실, 상실한다.

건강한 머리를 보지하는 방법 – 이 역시 비움과 채움의 원활한 동작에서 발현하는데 비움이란 과욕과 부정을 쓰레기통에 버리는 작업이고 채움이란 지혜를 취득하는 노력인 것이다. 화장실은 비우는 장소, 비우기 작업을 하는 공간이다. 대자연 역시 비우는 장소다. 인간이 휴식을 취할 수 있는 공간이다. 공부하기는 채우기의 과정이요 휴식시간은 비우기 과정이다. 허욕을 버릴 때 그 자리가 기회의 공간으로 승화, 진화될 수 있다.

「시간과 시작 – 한 개라도 버릴 수 없는 소중한 가치다.
반드시 항시 연결되기 때문일 것이다」

장소와 공간 – 버릴 수 있다. 공간이란 포기할 수 있는 여유이다. 단, 시간은 버릴 수 있는 대상이 아니다. 시간의 포기란 자기를 포기하는, 즉 자살행위(자포자기)이기 때문이다.

기회 – 시작의 의미

기회의 공간 – 항상 존재한다. 다만 내가 지금 찾지 못할 뿐이다.

기회의 시간 – 공간을 움직이는 힘이다.

시간을 사용하지 않을 때 공간은 고정적이다. 사람이 관여하지 않은 공간은 자연(대자연상태)이기 때문이다.

공간과 시간의 차이 – 공간은 두 가지 의미가 내포되어 있지만 시간은 오직 하나뿐이다. 마치 공기가 하나이듯 시간도 하나다. 둘이면 그건 시간이 아니다. 시각이다.

기회의 공간과 그 반대의 지경.

시간은 그 자체가 기회인 것이다. 공간은 공정성이 낮지만 시간은 공정하다. 대자연은 모든 인간에게 같은 양의 시간을 부여할 수 있는 힘이다. 시간활용법이 다 다르다 보니 성공한 인생과 실수한 인생으로 분화된다.

공간(공기)사용법과 시간사용법은 비례한다. 투자의 시기(타이밍)가 존재하는 이유다. 완성도 높은 토지(대지, 택지)에 투자하는 건 실수요가치에 집중하는 모양새. 개발예정지는 일반적으로 완성도가 낮은 땅이기 때문이다.

예) 접근도 높은 맹지상황은 또 다른 기회의 모습!

즉 위치가 괜찮다 싶은 곳에 투자하는 건 절묘한 타이밍에 투자하는 행위라 진보적이고 적극적, 공격적이다. 꽉 찬 주전자(중심

상업지역)에 물(개발)을 붓는다면 물이 넘쳐나는 건 당연지사다. 난개발과 공급과잉, 높은 공실에 허덕이는 공간이 난립하고 말 것이다.

행복한 부자와 불행한 부자

시간은 '돈의 면적'과 여유는 '행복의 부피'와

직결된다.

연결된다.

돈의 노예생활과 더불어 시간의 노예생활은 항상 연계된다.

노예생활이란 여유가 상실된 상태다.

「행복한 생활의 도구 - 여유(혹은 자유) 조성(조율) 능력」

여유가 갑질하는 상황이라면 삶 자체가 불행의 연속일 게 분명

하다. 여유는 모색 및 조성의 대상이다.

항복(굴복) - 굴욕적인 삶을 유지한다. 돈과 시간 앞에 항복(굴복)

하는 자는 불행한 자이다.

행복 - 무욕의 삶을 추구할 수 있는 여유를 유지한다.

(부동산주인이 되기에 앞서 '여유의 주인' 혹은 자유의 주인이 되자!)

『행복한 사람 - 성공한 사람』

『항복한 사람 - 인생패배자』

행복이란, 가치를 제대로 인식, 분석할 수 있는 자에게 주어지는 하늘이 내려준 소중한 가치(축복)인 것이다.

사람의 가치, 사랑의 가치, 자연의 가치 - 가격결정이 쉽지 않다.
감정평가를 함부로 할 수 없는 것이다.
이들 세 가지의 잠재성은 항상 높기 때문이다.
잠재성의 입지는 '하늘'이다.

'사람의 과거'가 '자연 상태'인 건, 사람의 역사는 자연의 역사 속에 예속되어 있기 때문이다. 죽으면 자연의 일부분인 흙으로 돌아간다.
대자연의 일부이자 전부인 부동산은 행복의 도구이지 대박(한탕)의 도구가 아니다. 우리는 행복한 사람이 되어야 하므로.
패배자는 죄인 되기 십상이니까.
부동산은 사기의 도구(수단)가 될 수 없다. 사랑의 도구다. 부동산이 행복의 도구로 응용되었을 때 비로소 행복한 생활을 영위할 수 있다. 만족스런 생활이 가능하다. 다주택자의 행복지수가 무조건 높은 건 아닐 것이다. 그들의 목표가 사치일 수도 있기 때문이다. 그들의 목표가 행복은 아니다. 다주택자들의 행동 목표는 십중팔구 건물의 양적가치의 극대화일 것이다.

부동산이 증가할 때마다 행복감을 느낄 것이다. 지속 가능한 행복은 아닐 것이다. 부동산(아파트)이 증가할 때만 느낄 수 있는 감정이기 때문이다.

부자는 행복한 부자와 불행한 부자로 구분하는데 후자의 경우가 바로 주택수집이 취미인 자들인 것이다.

그들의 주특기다. 주택 수집의 노하우가 진정한 부동산의 노하우는 아닐 것이다. 역시 지속력이 떨어져서다.

행복한 자는 시간을 점유, 공유할 수 있는 여유를 잘 보관하고 있는 자이고 불행한 부자는 시간의 노예생활과 돈의 노예생활을 함께하는 이중인격자이다. 만족도와 포만감을 보유할 수 없는 이유다. 부자가 되기에 앞서 부자의 종류와 그 특질부터 간파하는 게 순리(순서)일 것이다.

06

노예생활과 노동의 가치

　　노예생활을 하는 자가 있는가 하면 노동의 가 치를 적극적으로 응용하는 자가 있다. 인생고수의 삶과 하수의 삶으로 점화된다. 노예는 소극적인 삶이요 노동은 적극적인 삶 을 대변하기 때문이다. 전자의 경우 시간에 지배 받는 입장. 입 지가 낮은 이유다. 후자의 경우는 시간을 지배하는 입장이라 입 지가 관대하고 광대하다.

노동의 가치는 무한대(노동의 대가)이고 노예의 가치는 수치스럽 다. 노동력이라는 말은 있지만 '노예력' 이라는 말은 절대로 존 재하지 않는다. 삶의 영역에서 노예근성에서 벗어나야 하는 이 유다.

부동산의 노예가 되는 삶은 불행한 삶이다. 부동산주인이라고 다 행복한 건 아니다. 가격이 떨어질 때 혈압이 올라간다면 부동 산 노예생활을 하고 있다는 증거다. 부동산을 행복공간으로 활 용할 수 없는 것이다. 우리 주변과 일상에서 쉽게 발견할 수 있 는 두 가지 광경이 있다.

1. 개발청사진+조감도

2. 견본주택+모델하우스

1의 상황과 2의 상황은 거의 동일하다. 개발청사진은 마치 종이호랑이와 같아서다. 종이호랑이는 실물(실상)이 아니다. 종이호랑이는 그림이다. 실물 호랑이는 호랑이굴(현장)에 있다.

현장답사의 의미 – 호랑이굴에 직접 방문해 현장을 분석하는 체험과 경험의 중간단계인 것

세미나 참석만 반복적으로 하는 행위 – 종이호랑이 앞의 (소극적 자세의) 나 자신

'참석'과 '분석'의 차이는 크다. 하나는 소극적이지만 하나는 공격적이고 적극적이기 때문이다. 분석능력이라는 말은 존재하나, '참석능력'이라는 말은 존재 할 수 없다. 분석력은 활발한 임장활동을 통해 얻어지는 하늘이 내려준 축복이다.

종이호랑이(홍보관)의 특징 – 화려하고 거창하다.

호랑이굴(실물현장)의 특징 - 화려하지 않다. 굴을 개발하는 경우는 흔치 않은 일이라 희소가치가 높다.

'희소가치'는 '높은 개발타당성'을 의미하는 것이다.

종이호랑이 모습과 호랑이굴의 모습은 확연히 다르다.

종이호랑이는 토지이용계획확인서의 모습과 같은 상황이기 때문이다. 현실성이 낮다. 토지이용계획확인서의 모습과 현장모습은 확연히 다르다. 종이호랑이 유혹에 쉽게 넘어가면 안 된다.

종이호랑이는 참고자료로서 최적의 조건일 뿐이리라.

종이호랑이의 특징 중 하나가 바로 실물 그 이상으로 화려하고 위대해 보인다는 점이다. 상상력이 스스로 그려진다.

노예근성의 미래는 암흑이다. 상상력에 노예생활을 그린다면 그 미래가치는 붕괴될 가능성이 높다.

'노예'는 '가격'에 지배를 받고 '노동'은 '가치'를 지배한다.

'노동가치'가 곧 '미래가치'인 셈이다.

■ 작은 부동산문화의 진화

부동산은 무조건(!) 행복의 도구다. 부동산을 보유하고 있으면서 행복을 느낄 수 없다면 그 부동산은 문제가 있는 부동산이다. 성숙한 부동산이 아닌 것이다. 주인을 잘못 만난 부동산이다.

1. **성장 중인 부동산** – 과정이나 현재 상황을 강조할 수 있는 부동산

2. **성공을 향한(위한) 부동산** – 결과(성과)에 매진할 수 있는 상황의 부동산

3. **성숙한 부동산** – 현재의 상황과 순간의 완숙의 결합체로, 순간순간 행복을 느낄 만한 만족도가 높은 부동산상태

3의 경우가 바로 부동산의 진국(천국), 진성일 것이다. '성숙한 삶 자체'가 바로 '행복'이기 때문이다. 성공한 사람들 모두가 무조건 행복한 건 아니다.

우리 주변에서 성공한 사람은 쉽게 발견할 수 있으나, 성숙한 사람과의 만남은 쉽지 않다. 아마도 그들의 희소가치가 지상최고이기 때문일 것이다.

한 지역을 볼 때 고수와 하수의 시각차는 크다.

인생하수는 부자 동네와 가난한 지역으로 분류하지만(강남과 강북으로 분류한다) 인생고수는 '행복한 동네'와 '행복을 느낄 수 없는 여유가 없는 동네'로 분류한다.

행복지수 높은 곳을 투자지역으로 인식하는 대목인데 이는 안전성에 집중하는 모양새다. 행복지수는 실수요가치와 정비례하기

때문이다. 농지, 임야 등 생지에서 희망을 느낄 수 없는 경우나 거품이 심한 아파트단지의 모습 속에서 희망을 느낄 수 없는 경우나 매한가지입장이다. 행복할 수가 없다. 일률적이고 획일적이기 때문이다. 개성을 찾을 수가 없다.

개성은 변동성과 변통성의 원료로 쓰인다.

'개성' 이 곧 '희소성' 이다.

한 지역의 발전과 반전을 위해선 희소성에 집중할 필요가 있는데 이는 희소성이 곧 지역희망이 될 수 있기 때문이다.

현대식 최신식 역세권 고시텔은 작금의 작은 부동산시대를 적극 대변하고 있는 부동산이다. 솔로족의 증가현상과 주거인구가 감소하는 상황에선 모텔, 고시텔 등은 반드시 필요한 공간이다. 숙박형, 주거형부동산으로서 입지를 단단히 구축하고 있다. 오지와 외지와 지방에도 존속한다.

모텔과 고시텔이 계속 증가하는 이유는 성문화의 단절과 단합 사이의 모순, 그리고 주거문화 풍토의 급변현상과 결코 무관치 않기 때문일 것이다.

■ 큰 개발과 큰 부동산의 입성

'큰 개발' 의 의미와 '큰 부동산의 입성' 의 의미는 판이하다.

실용성이 중요하기 때문이다.

큰 부동산의 특징 – 공실률이 높고 실용성은 낮다.

실용성과 잠재성을 굳이 기술성과 예술성에 비유하자면 실용성은 기술성이고 잠재성은 예술성에 해당할 것이다. 예술성의 힘은 무궁무진, 무한대이기 때문이다.

기술은 기초요 예술은 기초를 응용할 수 있는 과정(능력)이다. 부동산가치는 기술과 예술의 조화상태다(교화, 교미상태). 기술은 정해진 가격이 존재하나, 예술은 그럴 수 없다. 만약 그런 경우의 수가 발생한다면 예술의 특성을 상실한 것이다. 기술은 작위적이지만 예술은 대자연의 성질을 지녔기 때문이리라.

기술에 투자하는 과정 – 작은 개발과정

예술에 투자하는 과정 – 작은 개발과정 이외의 사안들(상황)

부동산개발에 실패한 공간은 기술에 투자하는 과정과 예술에 투자하는 과정이 단절된 상태다. 기술은 뛰어나나, 예술에 문제점이 노출된다면 많은 사람들이 외면(식상) 할 게 틀림없다.

07

실패하는 이유

인간의 눈의 기능은 다양한 편이다. 보는 것 이외 다른 기능도 발산할 수 있기 때문이다. 투자자는 철두철미한 '사이'에 관한 관찰이 필요하다.

「숲과 나무 사이 = 대자연의 모습」

투자자(숲)와 실수요자(나무)의 차이는 마치 지하철출구의 상황과 비슷하다. 1번 출입구 가치와 2번 출입구 가치는 다르기 때문이다. 방향이 정반대이다.

투자자는 숲의 성질을 닮았다. 반드시 시야가 광대해야 하기 때문이다. 눈앞에 유익만 따지다간 큰 코 다친다. 실수요자 눈으로 보다간 실패다. 실수요자 눈은 나무와 같은데 그건 편의성에 지배 받기 때문이다. 현미경의 눈과 망원경의 눈 사이가 바로 투자자의 눈과 실수요자 시각인 것. 간극이 넓다. 멀다.

부동산투자자의 특징 – '사이' '차이'의 의미를 제대로 인지한다. 가령 큰 도로와 작은 도로 사이에 대한 이해와 큰 부동산과 작은 부동산의 차이의 이해를 말이다.

사이의 발견은 차이의 이해와 연계되고 차이의 이해는 투자의 결단력을 높인다. 차이를 이해할 수 없는 경우 투자의 결단력이 약화된다.

차이란 비교분석능력과 연관되기 때문이다.

인구와 인구 사이란 주거인구와 유동인구의 사이를 말하고 인구와 인구의 차이란 인구의 양적가치와 질적가치를 강조하는 것이다.

고수의 가치기준은 '인구증가지역과 인구감소지역의 비교'다.

하수의 가치기준은 '가격상승지역과 가격하락지역의 비교'다. 근시안적이다. 눈앞의 이익(수익)만 집착한다.

고수는 이해와 자각과 관련 있고 하수는 오해와 착각의 연속이기 때문이다.

고수의 눈은 독수리의 눈과 같지만 하수의 눈은 사물 자체에 집착해 힘의 균형감각을 상실하고 만다. 독수리의 눈은 날카롭다. 사이와 차이의 견지능력이 탁월한 이유다.

고수는 '가능성'에 집중하고 하수는 '기능성'에 집중한다. 역시 눈앞에 유리한 강점만 본다. 두 사람의 가치 차이가 크다. 가능성은 기능성을 추월, 압도 할 수 있는 성질이다. 힘을 늘 비축하고 있기 때문이다.

가능성(숲·하늘의 모습)은 잠재성과 연관 있고 기능성(나무·땅의 모습)은 편리성과 연관 있다.

투자자는 가능성에 집중하고 실수요자는 기능성에 집중한다. 투자자의 눈과 실수요자의 눈은 다르다. 눈높이가 다르다.

하수는 실수요가치와 투자가치의 사이, 차이를 견지할 만한 여유가 부족하다. 실수확률이 높은 이유다.

부동산투자에 실패한 경우는 사기에 의함도 있지만 개인투자자의 착각도 한몫 단단히 한다. 착각과 오해 등을 불식시킬 만한 당장의 정서적 여유 공간이 필요하다.

여유란 반드시 '여유자금'의 준말이 될 수는 없겠으나, 항시 '자유'와 같은 수준의 의미를 내포하고 있지 않은가.

■ 땅 투자자에게 필요한 '기'와 '힘'

땅 투자자에게 필요한 '기'와 '힘'은 끈기와 인내력이다. 땅은 장기투자종목으로 오랜 동안 존속(=지속)하고 있기 때문이다. 투자자는 그에 상응할 만한 정신자세를 보여야 한다.

집 매수자에게 필요한 기와 힘은 슬기와 자제력이다. 집은 의식주의 주에 해당하기 때문이다. 주거시설을 의미하여 투자종목이 아니다. 입주 의미가 담겨져 있다.

집은 시간이 곧 독.

소모품의 특질을 가지고 있다.

땅은 시간이 곧 덕.

장고(장기-長期) 끝에 호수(호기-好期)도 둘 수 있다.

집은 완성품으로 나이를 먹게 되면 낡고 늙어버려 재건축, 재개 발과정을 거친다. 시간에 의해 자체(하드웨어)의 자취를 감추어버린다. 땅은 미완성품이다. 소모품이 될 수 없는 이유다. 나이를 먹지 않아 항상 젊고 어리다. 싱싱한 생선 같다. 낡거나 늙지 않는 이유다. 늙은 집은 철거대상이다.

그러나 집을 지탱하는 땅값은 오른다. 그 자리에 다시 신축(재개발행위)이 필요한 지경이므로.

기대감이 증폭되어 땅값이 변한다. 새로운 기술과 예술이 도입+삽입+가미되어 새로운 형태의 가격을 생출+반출 할 수 있는 것이다. 주변에 늙은 집이 증가할수록 주변 땅들에게 기회가 찾아온다. 새로운 가격(상승가격)을 기대할 수 있기 때문이다('하락한 가격'을 '새로운 가격'이라고 말하지 않는다).

늙은 집은 철거대상으로 새 집이 생길 수 있는 기회다. 새 집의 특징은 새 가격이 형성되고 새로운 인구가 조성, 구성된다는 것이다. 예컨대 젊은 인구라는 새로운 지역역사가 그려진다. 투자와 실수요명목으로 움직이는 욕심 많은 자가 그들이다. 새 아파트가 생기면 거품이 등장한다. 거품은 프리미엄을 통해 그려진다. 투자세력이 등장한다. 의식주의 주(住)가 전격 변질되는 순간이다. 입주(入住)라는 말이 무색할 지경이다. 하우스푸어 발생의 연유다.

■ 하우스푸어와 땅거지의 차이점

화려하고 거대한 부자들 배경만 보고 부동산에 관한 관심을 갖는다면 위험천만하다. 관심만 갖는 행위는 단순한 호기심에 불과해서다.

진심에 관심을 두고 안심에도 무관심하지 말아야 한다. 부동산 투자는 '진심과 안심'을 사는 행위다. 단순히 부동산을 매입하는 게 아니기 때문이다.

만족과 행복을 매입하는 것이다. 지금의 상황보다 훨씬 행복해지려고 투자하는 것 아닌가. 투자하고 나서 조급증에 시달린다면 행복은 붕괴되고 만다. 신체적으로 건강에 적신호가 켜질 수도 있기 때문이다. 건강은 행복의 기본조건 아닌가. 건강이 따르지 않은 돈의 가치는 무가치하고 무의미하다. 돈 주인으로서의 자격조건에 부합하지 않는다.

진심은 안심이요 안심은 진심이다. 이심전심이다. 진심은 안심을 사고 안심은 진심을 산다.

부동산거래는 높은 신뢰를 바탕으로 이루어지는 가치이자 '잔치' 다. 아파트거래량이 많은 동네에선 잔칫집 분위기를 보지한다. 거래량이 증가한다면 가격폭등현상을 기대할 수 있는 것 아닌가.

매도자는 진심을 무기로 우직하게 움직여야 한다. 진심은 매수자가 안심할 수 있는 강력한 신뢰성이기 때문이다. 부동산거래가 활성화 되기 위해선 진심과 안심 사이에서 사람들이 우왕좌왕 갈 길을 찾지 못하는 일이 사라져야 한다. '방황자' 는 방랑자와 거의 같은 존재이기 때문이다.

부동산거지(하우스푸어)가 존재한다. 부동산 노숙자다. (실)수요와 투자의 갈림길에서 방황하는 자이다. 배회 중이다. 보금자리를 찾지 못하고 있다. 아파트 분양 수와 아파트 노숙자 수가 거의 동일하다. 상가거지와 하우스푸어(아파트거지)가 급증세다. 땅거지 대비 많다. 땅거지는 많지 않다. 상가거지와 아파트거지는 수익성에 크게 노출된 인물이지만 땅거지는 환금성에 크게 노출된 자이기 때문이다. 하나는 결과와 성과가 이미 외부로 노출된 경우이고 하나는 아직 결과가 나오지 않은, 기대감만 갖고 있는 상태다.

땅은 장기투자종목으로 인정받은 상황. 상가와 아파트는 공급과잉대상, 공실과 미분양을 우려할 상황이다.

땅과 상가, 아파트의 차이점 – 희소가치의 차이

땅은 완성도 높은 땅과 완성도가 낮은 땅으로 영원히 분류된다. 상가와 아파트는 강북 부동산과 강남 부동산, 그리고 신도시로 분류할 수 있다.

위치와 입지가 괜찮은 완성도 낮은 토지 – 희소성과 환금성, 수익성이 높은 토지(잠재성↑)

강남과 제2의 강남을 자처하는 상가 및 아파트는 수익성이 높은 편이다. 물론 거품이라는 장애물로 말미암아 거래가 활성화 되기 쉽지 않다. 수익성과 환금성이 반비례하는 상황이 지속, 전개되고 있다. 준노숙인(≒무주택자)과 재테크거지가 줄지 않는 이유다. 부동산 노숙자의 겉모양새는 일반 노숙인과 다르다. 든부자 난거지 모습과 다르다.

不動産은 人生이다
eal Estate Is Life

Part_04

성공적인
투자와 만족도
높은 투자

01

강남부자가 선택할 수 있는 진정한 부동산가치

부동산투자에 성공한 사람들에겐 공통점이 있다.

실수요가치와 투자가치에 관한 변별력이 강하고 서류와 현장의 중요성을 제대로 인식하고 있다는 점이다. 강남부자가 억지로 이루어진 게 아니다. 순리를 무시할 수 없다. 과정(노력과 땀)이 없는 결과(좋은 땅 취득)는 없다. 불로소득과 무관한 게 부동산에 관한 수익성이기 때문이다. 모색과정 없는 결과는 없다. 핵심모색이 성공의 관건, 지름길이다.

서류에서 모색할 부분(사안)은 단순하다. 검색수준이기 때문이다. 토지이용계획확인서와 지적도에선 부동산의 상수인 원칙을 고수하는 것이다. 고정적이다. 지목과 용도지역을 통해 미래가치를 관철하기란 쉽지 않다. 변수에 의해 쉽게 변할 수 있는 게 바로 용도 및 지목 아닌가. 서류를 통해 현재가치인 존재가치를 견지할 수 있다. 현장답사과정을 통해 미래가치인 잠재가치와 희소가치를 견지할 수가 있다. 현장답사과정에서 모색할 부분은 복잡다

단하다. '사색과 사유'의 과정이 필요한 상황이기 때문이다.

변수상황(변칙)은 접근성과 잠재성, 희소성을 관철하는 과정이다. 도로의 연계성을 관철한다. 크고 작은 도로의 연계성, 연결 상황을 인지할 필요가 있다. 도로상태는 한 지역의 미래가치를 대변한다. 현장모습과 토지이용계획확인서 모양새가 동일할 수 없다. 비교하는 자체는 하수가 하는 행동이다. 다만 지적도 모습과 현장모습은 비교대상이다. 지적도를 통해 도로상태를 비교적 상세히 알아볼 수 있기 때문이다.

투자자에게 토지이용계획확인서보다 지적도가 유리한 것은 도로의 연결 상태를 통해 미래가치를 어느 정도 가늠할 수가 있기 때문이다.

도로상태가 탁월한 현장은 현장감, 긴박감(긴장감과 박진감을 통합, 결합)이 넘친다. 현장답사 시 토지이용계획확인서보다 큰 지도와 작은 지도인 지적도를 함께 소지해야 정확한 답사과정을 진행할 수 있다.

큰 지도 – 지역지도, 전도

작은 지도 – 지적도, 임야도

큰 지도의 역할 – 큰 도로 상황을 분석할 수 있다. 망원경으로 숲을 본다.

작은 지도의 역할 - 작은 도로를 분석할 수 있다. 예를 들어 건축 행위가능 여부를 파악한다. 현미경으로 나무를 본다.

요컨대 강남부자는 도로 공부가 철저하다. 도로가 미래가치라는 사실을 현실로 받아들인다. 현미경(나무)과 천체망원경(숲) 구분 이 가능하다. 전자가 토지이용계획확인서의 시각이요 후자가 지 적도의 눈인 셈이다. 현재가치와 미래가치를 구분할 수 있는 동 력이다.

■ 성공투자의 길을 검색하는 방법

투자가치의 도구 - 실수요가치

(투자가치는 실수요인구+주거 인구를 통해 모색이 가능하니까. 현장답사 시 인지할 대목이다. 의식주의 주는 '주거시설과 주거 인구'를 의미+강조한다)

실수요가치의 도구 - 개발계획 및 청사진(예-의식주의 住인 주거시 설, 즉 아파트단지가 입성한다)

실수요가치의 도구가 개발계획 및 청사진인 건 실수요가치는 개발의 타당성을 통해 인지해야 하기 때문이다. 타당성과 필요성이 낮다는 건 실수요가치가 낮다는 것을 의미한다.

실수요가치는 두 가지 상황으로 점화된다.

1. 개발계획에 의해 새롭게 융성(조성)되는 실수요가치
(새로운 실수요인구를 유입할 수 있는 기회다)

2. 기존 실수요인구(주거 및 고정인구)의 동향을 통해 감지가 가능하다. 전체 주거인구의 증가와 감소에 따라 실수요가치, 즉 투자가치를 인식할 수 있다.

결국 '실수요가치' 가 중요한데 실수요가치는 곧 삶의 가치를 의미하는 것이다. 이는 개발목표와 일치한다. 부합된다.
개발의 목적이 무엇인가. 불편한 공간을 인간이 살기에 편안한 동네로 만드는 게 개발의 지상목표 아닌가. 불편함을 해갈할 수 있는 힘이 곧 개발인 것이다. 개발이 완성되었지만 불편함이 해소되지 않았다면 개발의 타당성이 낮은 곳을 개발한 것이다. 개발자의 시각이 문제인 것이다. 애초 입지분석과정을 잘못 밟았던 것이다.

따라서 개발자는 반드시 자각하는 자가 되어야 한다. 착각하는 자는 위험인자이기 때문이다. 개발자건 투자자건 자각하는 자가 되어야 할 것이다. 자각할 수 있는 힘은 투자의 힘이다.

'자각' 하는 자 - 영혼에 부지런한, 성실한 자

'지각' 하는 자 - 시간을 무시하는 게으른 실패자

시간(개발공약)을 어기는 개발자와 위정자가 곧 지각하는 자인 것!! 공약을 어기는 자는 지각하는 자이고 공약을 지키는 자는 자각하는 자이다. 대한민국 국토 안에 진보하는 동네와 퇴보하는 동네가 공존하는 이유는 개발공약을 지키는 자와 어기는 자가 공존해서다.

창작 - 자각하는 자가 조성하여 공사기간을 수호한다.

조작 - 지각하는 자가 조장한다. 공사기간을 지킬 수 없는 지경. 개발이 장기 지연되는 경우 개발계획의 성격이 변질될 수 있다. 개발목표가 와전될 수 있는 위태로운 지경이다.

자각하는 길, 지각하는 일, 창작하는 길, 조작하는 짓.

이 4가지 시나리오(사안)를 견지할 수 있는 투자자의 모습 속에서 성공투자의 길을 검색할 수 있다.

'사색과 사유(깊은 생각)'의 길이 변질되는 경우 - '사기'가 발생!!

개발과 관련된 이해관계자들에게 올바른 사유와 각성이 필요한 이유이리라.

02

나의 주변 분위기를 정독하라

부동산 개발과 투자는 다음의 세 가지 요소에 의해 활동반경이 정해진다.

개인의 존재가치 – 개별적인 건축행위는 실수요인구(주거인구)와 관련 있다.

국가의 힘 – 신도시 및 택지개발은 투자자와 관련 있다.

기업의 힘 – 대기업의 존재가치는 고용인구와 관련 있다(대기업가치가 입지를 개혁한다)

수도권의 힘이 강대해지는 건 존재감이 거대해지는 대기업 및 신도시(1,2기)의 가치와 무관치 않다.

예) 100만 거대도시 수원시의 가치(대기업의 가치)

85만의 대도시 화성시의 가치(대기업과 중견기업, 중소기업의 가치. 중견기업은 대기업과 중소기업 사이의 기업)

부동산개발과 부동산투자, 이 두 가지 사안은 혁명과 혁신이 필요한 대목. 부동산 진화과정의 도구는 개인의 힘과 국가의 힘, 그리고 기업의 힘 등으로 관철될 수 있다.

개인의 건축행위 - 예) 전원주택(양평군), 농어가주택(지방오지)

전원주택은 1980년대 이전에는 별장 등으로 불리던 주택형식이다. 1990년대 들어 준농림지역에서 주택개발이 허용되면서 공급이 급증하였다. 21세기 들어서 well-being과 전원 및 장수시대에 대한 사람들의 관심도가 높아지면서 대도시를 떠나 쾌적한 주거환경에서 거주하고자 노력하면서 전원주택이 자리를 잡았다.

주식투자와 부동산투자란 대기업가치에 투자하는 것이다. 변수가 심한 중소기업의 가치와 차별화 된다. 대기업엔 거의 변수가 없다. 막강한 자금력과 정보력 덕분이다. 쉽게 변할 수 없는 대기업의 특징이다.

예) 1. 평택 고덕국제신도시 - 기업가치 ↑ (투자가치 ↑)

2. 화성 동탄2신도시 - 직주근접 ↑ (실수요가치와 삶의 가치 ↑)

대기업의 존재가치가 극대화 되는 이유 - 소비와 수요와 투자가
한 몸이다. 대기업 주변 분위기는 젊다. 대학교 주변 역시 젊다.
대자연 주변은 잠재력을 목도할 수 있는 분위기다. 대도시 주변
의 성장 동력은 높다. 강력하다. 강렬하다.
대기업 인근의 가치와 중소기업 인근의 가치는 사뭇 다르다. 대
기업 연봉과 중소기업 연봉의 격차가 너무 심해서다. 상업시설
의 존재감의 차이가 큰 이유이리라. 대기업 인근의 상업지역의
미래가치와 중소기업 인근의 상업지역의 미래가치는 판이하다.

'돈'에 투자하는 것 - 예) 대기업에 투자하는 것

'정'에 투자하는 것 - 예) 대자연에 투자하는 것

돈 = 사람과 관련된 사안

정 = 사랑과 관련된 사안

거래량이 증가하는 곳에선 사람들 이동 목적이 두 가지 발견된다.

1. 투자수익 때문에 이동하는 경우 – '돈' 때문에 이동하는 것(사치가 생긴다! 거품이 주입되기 때문이다)

우리가 항시 명심할 대목은 '사치' 가 변질되면 '사기' 로 비화될 수 있다는 사실이다.

2. 직장 혹은 학교문제를 해결하기 위해 이동하는 경우 – 가치가 새로 생긴다. 일자리가 급증하는 것이다.

'돈' 에 의해 움직이는 사람들은 거품에 의해 이동하는 것이고 '일' 에 의해 이동하는 자는 가치에 의해 이동하는 것이다.
'정독(제대로 읽기)' 하는 사람과 '고독(땅을 제대로 읽지 못한 결과)' 한 자로 분화된다.

현장답사의 과정 – 정독하기(현장감을 느낄 수 있다)

정독 못한 결과 – 고독감을 느낄 수가 있다

『 '돈' 을 정독하는 것 – 부동산 재테크방법』

『돈을 읽지 못하는 바보 − 고독한 사람(사람으로부터 멀어진다)』

'돈을 제대로 사용하는 방법' 이 곧 부동산노하우이다.
의식주 중 주가 바로 부동산이기 때문이다. 아파트가 부동산의
꽃이기 때문이다.

책 − 읽을 대상(이론으로 무장할 수 있는 기회)

현장과 도로 − 읽을 대상(경험), 정독 대상이다.

부동산 책과 현장을 곡해(잘못 해석) 했을 때 실패를 하고 만다.
신화적인, 비현실적인 부동산노하우 책도 많다. 이런 책을 정독
했을 때 판단력 미스라는 부작용이 반드시 발생한다.
현장답사 중 '땅' 을 볼 때 실패한다. '도로' 를 볼 때 실패율을 줄
일 수 있는 것이다. 도로의 사용량과 인구는 연계되기 때문이다.
국토는 살아 있는 도로 대비 죽은 도로가 너무 많다. 맹지가 많
은 이유다. 답사 시 목도할 대목이다. 맹지의 특성과 대지의 특
성 역시 정독 대상이다. 답사를 시작하기 전에 알아본다.
맹지의 미래가 대지 혹은 택지일 수 있기 때문에 하는 말이다.
대기업의 특성을 바로 인식하기가 중요하다. 대기업은 맹지 개
발자이기 때문이다. 대기업은 대한민국 최고의 '맹지 전문가' 로

서 사업용 토지를 다량 확보한 상태다.

「대기업의 가치 = 투자의 가치」

예) 용인시 처인구 일대에 두 개의 대기업이 입성할 예정이다
(수지구, 기흥구 대비 땅 넓이가 광대한 처인구 일대가 변혁의 기회를 맞을
참이다)

용인 덕에 인근 안성도 기회의 땅이 증가하고 있는 실정이다. 대
지는 물론이고 맹지도 귀한 대접을 받고 있다. 내 땅 주변 분위
기를 정독하는 이유다.

03

성공적인 투자를 위한 노력

「지식의 목적(목표) – 지혜라는 경지에 무사히 도달하기」

우리가 학교생활을 중요하게 여기는 건 삶의 지혜를 얻기 위해서다. 단순히 졸업장을 취득하기 위한 학교생활은 무의미한 것이다.

「지혜의 궁극적인 목적 – 행복이라는 휴머니즘에 무사히 안착, 도달하기」

행복의 주요도구 – '만족'

즉 지혜에 도달하기 위해선 주도면밀한 공부의 과정이 필요한데 '만족공부과정'을 밟아야 할 것이다. 만족은 자제력과 관련 있기 때문이다. 만족을 모른다면 과욕이 산출되기 마련이다. 방심을 부를 소지가 크다. 방심은 과욕과 관련 있다.

100억 원 상당의 빌딩주인의 미래가치는 두 가지다.

가치는 주인 자신이 만드는 것이다. 누가 대신 만들어주지 않는다. 가치란 내 인생이기 때문이다.

가치의 주인은 나 자신이지 내 부모형제가 아니다.

1. **또 하나의 100억 빌딩을 장만하기 위한 삶은 늘 바쁘다.** 밥 먹을 시간도 없을 정도로 말이다. 여유자금이 있지만 맘껏 여유와 자유를 누릴 수 없는 지경이다. 자승자박이다. 스스로 자유를 방출시킨다.

2. **만족=행복**

이 등식을 영원불변한 진리로 받아들여 시간적으로 매순간 여유가 분출한다. 이러한 가치관을 보유한 빌딩주인 대부분은 인근 시세 대비 저렴하게 임대해 수많은 서민들로부터 영웅대접을 받고 산다. 코로나시대에 맞게 산다.

당신이 만약 건물주인생을 살고 있다면 1의 상황과 2의 상황 중 어느 인생을 살고 싶은가?

충족과 충만과 흡족 등 만족흡수력의 강화를 위해 노력해야 할 것이다. 영원한 연구대상이다.

만족은 우리 민족의 희망이기 때문이다!!

영원한 나의 막역지우가 되어야 할 것이다. 행복의 대명사는 만족감이기 때문이다. 행복지수는 만족감(만족지수)과 상관있다.

우리가 꿈꾸는 세상과 세계가 있다.

왕국과 왕궁의 차이를 통해서 말이다. 그러나 현실과 미래 사이에서 방황하는 건 소모전이다. 시간낭비다. 왕궁에 기거하면서 왕궁을 왕국으로 여기는 삶이란 만족 고수의 삶이다.

못사는 동네에 시청청사만 화려하고 거대하다면 그 시청청사에 기거하는 시장의 정신세계가 반드시 맑다고는 할 수 없을 것이다. 반드시 화려한 왕궁이 화려한 왕국을 건설하는 건 아닐 테니까. 외형보단 내실인 실용성에 사활을 거는 인생이 행복한 인생일 것이다.

성공신화를 위한 노력 중 하나가 바로 만족에 관한 재인식이다. 만족을 모른 상태에서의 성공은 있을 수 없다. 여유를 잃은 성공은 진정한 성공이 아니다.

■ 성공의 길과 실패의 길 사이

성공한 사람의 특징 − 매일 깊은 사색의 시간을 갖는다. 사색과정을 수시로 밟는다. 사색을 수사, 조사한다. 일기(기억과 추억을 기록)를 쓰고 확인하는 절차다. 일기를 확인 점검하는 절차는 시행착오를 줄이는 방도 중 하나이다.

실패자의 특징 – 검색과정을 반복적으로 밟는다. 소극적 태도다. 소극적인 모색이 문제다.

적극적이고 공격적이고 체계적인 모색과정이 바로 사색이라는 큰 선물인데 말이다. 사색의 힘엔 '만족'을 이해할 수 있는 힘이 있는데 그 힘이 바로 여유라는 지속력이다. 여유는 역시 자유를 분만하는 힘을 가진 큰 선물로서 모든 사물을 지배한다.

만족과 행복은 정비례하여 만족을 모르는 자는 늘 불안하다. 조급하다.

만족지수와 행복지수가 상관관계인 것. 만족을 알면 행복의 속살(속성)을 알게 되기 때문이다. 행복은 '만족의 촉구'다. 요구다. 행복은 항상 만족을 필요로 하기 때문이다. '영원한 행복의 원료'가 '만족'이다. 불만족은 실패를 의미하기 때문이다.

돈, 사람, 힘을 다양하게 구비하고 있다고 해서 무조건 행복지수가 100점은 아닐 것이다. 대기업재벌과 현직국회의원들의 부와 명예와 행복지수가 반드시 정비례한다고 말 할 수 있을까.

성공자의 모색 대상 – 기회(단, 기회주의자는 다른 의미)

성공하는 사람들은 매일 크고 작은 기회를 모색한다. 노력한다.

실패자가 찾기 힘든 선물이 바로 '작은 기회들' 이다. 즉 만족이라는 걸 발견하기가 쉽지 않아서다. 고수만이 발견할 수 있는 특수영역이다. 작은 기회를 큰 기회로 전향, 승화시키는 기술이 재테크다. 모색, 검색, 수색, 탐색 등 찾는 것에 일가견이 있다. 자신에게 우수(유리)하다 싶은 것에 집중하면 그만이다. 찾고 분석하는 과정이 바로 인생이기 때문이다.

결국 사색과정을 통해 시행착오를 줄일 수 있는 것이다. 사색의 힘을 믿는다. 자기 자신을 제대로 관철, 관찰, 관할 할 수 있는 힘이 바로 사색의 힘이기 때문이다.

자신의 위치와 처지, 입지를 모른 채 부동산투자 하는 건 무리다. 묻지 마 투자도 강행할 수 있기 때문이다. 실패자는 무작정 무조건 기다리는 자이다. 노력 없는 결과(예-투기행위)를 말이다. 성공한 자는 계속 부지런히 찾는다. 자신의 노력을 능력으로 인지한다. '기회' 의 의미를 잘 아는 자가 성공자이다. 기회를 기다리는 자가 실패자라면 기회를 모색하는 자는 성공자인 것이다.

인생의 기회가 세 번 찾아온다고 했던가. 아니다. 세 번 이상 찾아온다.

생각의 전환이 미래가치를 높이는 기술이다. 부동산에서도 그 이상의 기회가 찾아온다. 모색작업에 매진하는 이유다.

■ 부자들의 성공에 관한 집중력!

이 땅엔 두 가지 날씨와 변수가 공존한다. 궂은 날씨와 맑은 날씨가 있듯 좋은 변수와 나쁜 변수가 공존하는 것이다. 마치 위기와 호기가 공존, 공전하듯 말이다.

위기 때 필요한 특효약 - 지혜(의 사용능력)와 용기

호기 때 필요한 약 - 긴장과 견제(≒겸손), 진찰과 경계

결국 위기 때보다 호기 때가 더 위험할 수 있는 것이다. 다양한 약이 필요한 까닭이다. 방심보다 더 큰 또 다른 위기가 있을까 싶다. 방심은 끝없는 교만을 부르는 독약이다.

또 다른 형식의 위기 극복 방도 - 탁월한 아이디어로 접근하기(창의력 발휘, 발산). 독창적인 아이디어가 필요하다.

범례) 혁신도시와 기업도시가 업그레이드(성숙단계에 도달) 되는 경우의 수 - '혁명도시와 기획도시' (곳곳에서 혁신도시와 기업도시의 완숙도에 문제점이 발견되어서 도시에 대한 혁명 및 기획이 긴요한 것이다)

기획도시는 계획도시가 동산화(진화)과정을 밟는 경우에 발현한다. 모든 도시화 진행이 계획대로 되는 건 아니므로.

기업부동산은 대기업이 다량 보유 중인 사업용토지를 말하지만 기획부동산은 비사업용토지로 투자가치에 지배 받는다. 대기업이 실수요가치를 강조할 때 기획부동산은 투자가치를 강조한다. 기획부동산에게 기업부동산이 반드시 필요한 이유다. '기획부동산'은 사업용토지와 비사업용토지 사이에 기생하는 아직 임무(용도, 용처)가 주어지지 않은 상태의 부동산을 말한다.

진정한 부자와 성공자의 특징 – 돈을 향해 질주하지 않는다. 하루의 혁명과 순간의 혁명에 집중력을 발휘하기 때문이다. 그 결과가 바로 성공이라는 희망의 타이틀인 것이다. 하루에, 순간에 집중하는 게 순리(해답)다. 집중은 나름대로의 최선의 노력이다.

부동산성공자의 모습은 습관적으로 매 순간순간에 매진하는 것이다. 노력과 일을 목표로 정진하는 자가 예비성공자(성공할 가능성이 높은 지경)이고 돈을 향해 전진하는 자는 실패율 높은 하수다.

04

진정한 부동산노하우의 의미

투자자가 투자하기 전에 부동산노하우의 의미부터 제대로 인식해야 하는 건, 실패를 절대로 용납하지 않겠다는 강한 의지와 관련 있는 것이다.

부동산노하우란 시간사용법, 공간사용법, 사람사용법 등을 제대로 구축할 수 있는 힘이다. 여러 가지가 다 중요하겠으나, 특히 '사람사용법'을 잘 인식해야 한다.

노인인구와 젊은 인구로 구분하여 접근할 필요가 있어서인데 노인에겐 돈으로 당장 살 수 없는 노련미가 있고 젊은 인구에겐 역동적인 신선미가 있기 때문이다.

계속해서 증가일로를 달리고 있는 노인인구를 통해 한 지역의 전통과 역사의 가치를 바로 인식할 수 있는 기회를 얻고 젊은 인구를 통해선 미래가치를 조율할 수가 있는 것이다. 전통과 현재의 가치를 연결하는 가교역할을 바로 젊은 인구와 노인인구가 하고 있는 셈이다. 노인인구는 시간 사용 경험자로서 시간 사용 방법에 대해 젊은 인구보다 잘 알고 있는 상태이기에 한 지역에 젊은 인구와 더불어 반드시 필요한 인물이다. 젊은 인구들은 노인인구의 노련미를 배우고 실생활에 바로 적용할 필요가 있고 노인인구는 수시로 그들에게 조언을 해주어야 할 의무감과 책임감이 있다. 노인의 존재가치를 높일 수 있는 기회인 것이다.

돈 사용법 역시 부동산노하우의 한 축.

중심축이다. 핵심이다. 돈이 없다면 아무 것도 할 수 없기 때문이다.

'난 돈에 욕심 없어!' 라고 무소유를 주장하는 자가 있다.

그 자는 5대 거짓말 중 하나를 하고 있는 것이다.

돈 사용법은 시간, 공간, 사람 사용법의 결과다. 돈 사용법은 시간 사용법 등과 정비례하기 때문이다. 노하우는 현재가치 사용법을 바로 인지하는 것이다. 현장답사방법과 연계된다.

부동산노하우란 '미래예측 도구를 모색하는 과정(방법)' 이다. 좋은 수단이다. 미래는 변수요 현재는 고정성과 연계되므로.

존재가치에서 벗어날 수 없는 게 현재가치의 한계상황이다. 지루하기에, 조급하기에 미래를 기회의 시간으로 인용하려 노력하는 것이다.

부동산노하우는 '행복 사용법' 이기도 하다. 부동산 거래를 단순한 돈 거래가 아닌 행복공간을 거래한다는 인식이 바로 섰을 때 성공적이고 만족스런 결과를 취득할 수가 있기 때문이다. 부동산투자의 이유가 행복해지기 위해서니까.

부동산노하우란 '행복 찾는 비법'이다. 부동산으로 큰 수익을 얻고도 붕괴된 불안한 삶을 사는 자도 있는 게 현실이다. 충족할 만한 규모의 돈을 보유하고도 불만족 속에 사는 실패한 투자자도 있다. 조급하다.

부동산노하우를 잘못 인식했거나 잘못 배운 것이다. 잘못 터득, 인지했기 때문에 불안한 것이다. 150억 원 상당의 시세차익을 얻고도 늘 배가 고픈 부자가 있는가 하면 1억5천만 원의 시세차익을 통해 행복감과 만족감을 체험하는 신흥부자도 있다. 행복은 내가 모색하거나 만드는 것이지 남이 절대로 만들어주는 게 아니다. 남이 찾아주지 않는다.

부동산전문가에게 행복을 찾아달라는 부탁은 노우!

행복공부를 꾸준히 해야 하는 이유다. 행복공부는 부자공부와 병행해야 할 주요덕목, 필수덕목이다. 이 세상의 필수과목이다. 행복공부가 덜 된 상황에서 행복을 추구, 모색하기가 거의 불가능하기 때문이다.

『부동산노하우 – 행복해지는 법』

성공 – 행복해지기 위한 노력과 열정, 수단, 과정

05

지역 랜드 마크 가치를 알리는 방도

　　　　필자의 오랜 습관 중 하나는 여느 지역을 방문하든 그 지역의 랜드 마크 가치를 찾고자 노력하는 것이다. 스스로 괜찮은 습관이라고 여기는 건 그 덕에 지금까지 수많은 책을 집필 할 수가 있었기 때문이다. 경험과 자각, 자극의 위대성을 강조하고자 한다.

부동산의 경험은 돈으로 살 수 없는 귀한 자료임엔 틀림없다. 그렇지만 부동산과 관련된 자료가 부동산 경험의 전부가 될 수는 없다. 일부에 불과하기 때문이다. 자료는 부동산노하우와 무관할 수 있으나 경험만은 그렇지 않다. 즉 부동산과 관련된 자료들과 부동산 경험은 딴판인 것이다.

자료(과거의 성적과 실적)보다 경험을 통해 역세권을 감식(검토)하는 습관이 더 유리(정확)할 것이다.

부동산 완성도의 기준 – 역세권아파트와 역세권 땅

'역세권' 이라는 지역 랜드 마크가 부동산의 완성도와 연속성과 관련 깊지만 지나친 거품가격이 항시 문젯거리다. 거품은 완성도에 치명적이기 때문이다. 미분양사태와 공실을 야기한다.

역세권아파트라고 해서 모두가 가치가 높다고 볼 수 없다. 역세권이면서도 여전히 빈 아파트와 빈 상가가 즐비한 경우가 있기 때문이다. 즉 역세권도 두 가지 형태로 분화하는 것이다. 진화와 퇴화로 말이다.

완성도 높은 역세권과 완성도 낮은 역세권은 인구이동과 그 형태를 통해 감식이 가능하다. 부동산의 완성도에 따라 실수요자 및 투자자로 점화, 분화가 가능하다.

과거 성공사례를 강조하는 공간 – 투자자를 모집 중인 곳이다

미래가치(개발청사진)를 강조하는 공간 – 투자자를 모집 중인 곳

현재가치를 강조할 수 있는 지경 – 실수요자인 지역핵심인구를 모집 중이다.

진정한 투자자의 모습(특징) – 실수요자의 형태를 보고 움직인다. 즉 지역핵심인구인 상주인구에 따라 움직이는 것이라 안전성이 높은 편이다. 지역핵심인구를 지역 랜드 마크로 인정하는 것이다.

실수요자의 특징(특권) - 가수요자(투자자)와 이동복덕방에 의해 가격급등현상이 일어난다면 투자자로 전격 변신할 수도 있어 영원한 실수요자는 존재할 수 없다. '난 실수요자야!' 라고 호언장담 하는 건 마치 '난 욕심이 없는 무소유자야!' 라고 거짓말 하는 것과 같아 무의미하다.

인간은 누구나 심장이 뛰는 동안은 공기를 마신다. 이는 욕망과 욕심이 요동을 치고 있다는 증거이다.

부동산투자의 정의 - 부동산(공간)에 투자하기에 앞서 우선적으로 사람(시간)에 투자하는 것이다. 사람과의 첫 만남이 투자의 시발점이기 때문이다. 부동산엔 반드시 주인이 있기 마련이다. 전문가와 부동산주인들을 만나면서 투자의 욕망이 극화된다.

고수와 하수의 특징(차이점) - 서로 공통점이 없다는 것이다.

범례) 1. 문화(숲 · 망원경)에 집중하는 자 - 고수

미래가치에 집중할 수 있는 기회를 맞이한다.

예컨대 의식주문화에 집중한다. 음식문화와 주택문화, 패션세계를 감식한다.

2. 문화재(나무 · 현미경)에 집중하는 자(습관적 관습적으로 과거 가치에 접근
하거나 과거의 기억을 재차 강조를 한다) - 인생하수의 모양새

예컨대 문화재보호구역(보물, 국보) 안에서는 개발이 제한되고 불
변과 지속 간의 이해충돌이 심하다.

문화재보호구역의 이중성 - 토지투자자에겐 치명적일 수 있지만
주택매수자 입장에선 별 문제가 안 된다. 완성도 높은 부동산과
완성도 낮은 부동산의 차이이리라.
'문화'에 집중하는 건 '지역미래'를 매수하는 과정이요 '문화
재'에 집중하는 건 '지역성격'을 매수하는 과정이다. 전자가 진
취적이라면 후자는 현실에 만족하는 경우이다. 하나는 진보적이
고 하나는 보수적이다. 보호의 개념이 강하다.

문화재 - 문화의 한 부류(부분)이다. 문화의 한 축이다. 보존가치
가 높기 때문이다. 지역 및 국가 유산(유물)으로 인정한다.

문화재와 아파트는 사뭇 다르다.
이들이 서로 공통점이 전혀 없는 건 아니다. 감정가가 들쭉날쭉
하다는 점이 공통점이기 때문이다. 고가이다. 생명력과 지속력,
그리고 수명이라는 측면에선 문화재가 훨씬 앞선 상황이지만 말

이다.

문화재의 희소가치는 높다. 보호가치가 여전히 높기 때문이다. 지금도 발견, 발굴에 여념이 없어 현재진행형이다.

아파트의 희소가치는 높다고 볼 수 없다. 공급과잉과 미분양사태가 끊이지 않아서다. 난개발의 온상, 대상이요 거품의 온상이다. 자체적으로 보호 장치가 구비되어 있지 않다. 거품주입이 용이한 이유이리라.

아파트 자체를 투자가치로 보는 이가 있는가 하면 행복의 재료로 여기는 자도 있다. 하우스푸어가 발견되는 건 아파트를 투자가치로 볼 때이다. 생각의 차이가 곧 성공과 실패의 차이인 것이다. 만족과 행복의 기준은 내 스스로가 결정하고 부동산노하우와 철학은 내가 직접 만드는 것이기 때문이다. 남이 만들어줄 때 사기사건이 발생하는 것이다. 남이 만들어준 부동산철학으로 투자를 실행하면 실패한다. 낭패 본다.

아파트와 달리 문화재는 그 지역의 가치를 재단할 수 있는 주요 재료다. 문화재는 반드시 공생하기 때문이다. 역사라는 시간표가 지나면 인간과 인간 이외의 것들은 문화재로 재탄생, 재활용이 가능해진다.

예) 인간문화재(유형과 무형의 문화재로 발현, 발전, 발견)

천연기념물의 희소가치가 인간가치보다 높다. 그러나 부동산과 관련된 문화재는 인간문화재가 아닌 유형문화재와 관련 깊다. 인간문화재와 문화재보호구역과는 무관하기 때문이다.

'시간문화재'는 존재할 수 없다. 시간과 역사를 통해 공간문화재가 발현한다. 인간문화재와 공간문화재는 공생한다(예-유형문화재). 문화재를 보호 육성 그리고 적용 및 응용하는 건 인간의 역할이자 소임이다.

문화제라는 지역축제를 통해 문화재라는 지역 랜드 마크가 널리 알려지곤 한다. 문화재가 지역축제의 가교역할을 하기도 한다. 즉 문화재가 문화제의 재료인 셈이다. 문화재의 강점은, 문화재라는 과거의 기록과 가치를 통해 지역축제의 한 마당을 기획할 수 있는 기회를 적극적으로 만들어낼 수 있다는 점이다.

지역문화제는 지역이미지의 숭상과 극화에 제격이다. 문화재는 영원한 지역 랜드 마크이지만 문화제는 지역 랜드 마크를 외부로 널리 알릴 수 있는 기회(도구)다.

■ 지역 랜드 마크의 두 가지 성품

'개발'은 '개혁'의 다른 말. 개혁의 대상은 세 가지다. 시간 개혁과 공간 개혁, 그리고 인간 개혁이 바로 그것.

개발과정이란 시간을 개혁하고 공간을 개혁하는 과정으로 이는,

인간의 개혁을 통해서만 가능한 일이다. 요컨대 개발의 의미는 '사이의 개혁'인 것이다. 시간과 공간과 인간 사이의 개혁이 필요한 것이리라.

『시간 사용 - 투자기간』

『인간사용 - 개발능력』

공간 사용 - 입지의 진화과정

시간을 사용하지 않는다면 투자기간이라는 말은 성립, 통용될 수 없으며 인간을 사용할 수 없는 상황이라면 진보할 수가 없다. 공간을 개발하지 않는 곳에선 입지가 변할 리 만무하다. 시간만 허비, 낭비하는 것이리라.

『순리(세상이치, 사필귀정)의 재료 - 사이』

이 세상에 '사이'가 아닌 경우는 없다. 특히 부동산세계에선 그 이치가 더욱더 왕성(분명)하다.
공간을 사용한다는 건 곧 시간을 사용하겠다는 의지 표명이다. 개발을 의미한다. 공간을 활용할 때 시간에 지배를 받는데 이를 테면 공사기간이나 리모델링기간이 이에 해당된다.

지역 투자가치의 기준 – '지역성질'을 통해 가늠이 가능하다

예) 양평일대의 특성 – 관광 및 전원생활이 가능한 공간(대자연의 가치를 십분 활용할 수 있는 기회의 땅이 광대하게 펼쳐져 있는 곳이 경기도 양평이다)

화성의 특성 – 전원도시의 삶과 대기업가치를 기대할 만한 공간으로, 전국에서 인구증가율이 가장 높은 젊은 도시가 바로 경기도 화성인 것이다.

결국, 지역 랜드 마크는 두 부류로 완성되는 것이다.

지역 랜드 마크가 관광지, 문화재(과거)인 경우 – 예) 김포시 여주시 양평군과 춘천시일대

지역 랜드 마크가 산업단지(미래가치-대기업)인 경우 – 예) 평택시와 화성시일대, 아산시

지역 랜드 마크가 어중간(어정쩡하다. 애매모호)한 경우는 없다. 마

치 진보와 보수 사이(회색분자)가 존속할 수 없듯 말이다. 왜냐, 어중간은 투자를 결정하기가 쉽지 않은 상황이라서다. 실수요면 실수요, 투자면 투자, 확실히 정하지 않는다면 분명코 실수나 후회를 하고 말 것이기 때문이다. 양과 음이 공존하고 남자와 여자가 공존한다. 양과 음 사이는 없다. 남자와 여자 사이는 없다. 보수와 진보 사이가 없는 까닭이요 투자와 실수요 사이가 존속할 수 없는 까닭이리라.

어중간은 결정 장애요소로 멀쩡한 인간들을 장애인으로 만들 수 있는 독약과 같은 존재다.

'난 실수요 겸 투자자야' 라고 말하는 자는 궁극적으로 투자자인 것이다.

100% 실수요자는 존재하지 않는다. 100% 완벽한 부동산이 존재하지 않는 것처럼 말이다. 마치 100% 완전무결한 인간이 존속할 수 없는 것처럼 말이다.

06

투자가치 높은 공간이 부족한 이유

투자하기가 쉽지 않은 건 투자가치 높은 공간이 많지 않아서다. 투자가치 높은 공간이 부족한 이유는, 희소가치가 높은 지역이 많지 않기 때문이다. 투자가치 높은 부동산을 주인이 내놓을 리 만무하다. 더 상승할 것을 적극 인정하는 부동산주인들의 과욕의 크기는 갈수록 커진다.
인지상정이다.

『희소가치의 기준 - 인구의 증감상태』

인구가 꾸준히 증가하는 곳은 투자가치가 높은 공간이다. 투자가치가 높다고 인정하는 순간, 인구가 꾸준히 증가한다. 투자가치와 인구는 반드시 정비례한다. 가수요세력이 거세다. 투자가치가 높은 공간이 부족한 건 국토 대부분이 인구가 정지(정체와 침체의 반복)상태이거나 감소상황을 유지하고 있기 때문이다.
서울의 인구규모는 여전히 크지만 감소세다. 정상적인 눈으로

볼 때 투자가치가 높은 곳이라 볼 수 없는 이유다. 비상식적이고
비신사적이다. 주거인구가 감소하고 있지만 가격거품수준은 여
전히 높기 때문이다. 거품의 주역들은 역시 강남4구를 비롯한
유동인구 세력이 만만치 않은 지역들에 집중적으로 몰려 있다.
서울의 강점은 교통의 대중화+대형화+다양화를 통한 높은 접
근성을 보지할 수 있는 것이다. 다양한 유동인구 힘에 의해 거품
을 유지할 수가 있는 것이다.
서울특별시는 여전히 대한민국 대표적 지역 랜드 마크다.
(미완성물이 많은 지방 대비) 개발보단 재개발에 집중하다 보니 거품
수준이 높다. 즉 거품에 거품의 모래성을 쌓는 셈이다.
인구규모가 서울보다 훨씬 큰 경기도의 투자가치가 높은 건 꾸
준히 증가할 수 있는 인구정세(정황) 때문이다.

국토의 특징 – 대부분이 실수요공간이다.
실수요가치는 두 가지 경우로 분류된다.

1. 편익공간의 다양성 – 인구증가가 가능한 지경(유동 및 주거인구)

2. 대자연의 가치가 높은 경우 – 건강한 노후생활을 영위할 수 있
는 여유 공간(힐링공간)이다.

1의 상황 - 신도시나 거대도시가 이에 해당 한다

2의 상황 - 구도심(원도심)이나 오지지역이 이에 해당 한다

경기도 일부지역이 인기 있는 이유 - 1과2의 상황의 합치가 가능해서다. 새로운 가치를 내뿜는다.

1의 상황 -먹을거리, 놀거리, 쓸거리(소비문화), 일거리, 이슈거리(관심거리), 골칫거리(문젯거리)가 혼재한 공간에서 일어날 수 있는 다양한 성질

2의 상황 -자급자족이 가능해 자생력이 빼어난 공간. 소비문화 대신 '생각문화' 가 발달되어 있어 사유와 여유의 가치가 극대화 될 수 있는 조건의 기회의 공간이다. 상상력 동원이 가능한 공간이다.
창의력이 곧 잠재력 아닌가.

인구가 증가한다고 해서 무조건 투자가치가 높은 건 아닐 것이다. 예를 들어 65세 이상 노인인구만 급증하는 곳은 투자가치보단 실수요가치가 높은 공간으로 정평이 나 있기 때문이다.
생산가능인구가 증가할 수 있다면 투자가치를 기대할 수 있는

곳이다. 노동인구 대비 노인인구가 증가하고 있다는 건 환경오염수치가 낮아 사람 살기에 적합하다는 증거다. 대자연의 가치와 건강장수노인의 증가상태가 서로 비례+연계+연동되는 지경이다. 노인인구가 증가하는 곳에 그 힘(연계성과 연속성)이 작동, 작용하고 있는 것이다. 출산가능인구가 증가하여 아이인구가 증가하는 곳의 가치는 높을 수밖에 없다. 실수요와 투자, 이 두 가지 가치에 대한 기대감이 팽배한 상태이기 때문이다.

인구측정(계측, 관측)의 도구 – (집중도와 관심도가 높은) 현장답사 과정

용도지역과 지목상황 등은 서류를 통해 알아볼 수 있지만 접근성과 인구의 다양성 등 부동산 고유의 성질들은 반복적인 습관적인 현장답사를 통해 알 수 있는 사안이다.

지적도를 통해 접근성을 알아볼 수 있으나, 인구와 입지(접근성)의 관계를 제대로 인식하고자 한다면 지역현장을 직접 방문하지 않으면 안 된다. 실수요자에겐 인구측정과정은 불필요, 사치일 수 있다. 그러나 투자자는 인구의 증감상태에 집중해야 한다.

규제강도가 높고(접근성이 낮은 지경) 인구가 감소한다면 투자가치(가격상태)를 상실 할 수 있기 때문이다. 실수요자에게 필요한 건 지역완성도와 완숙도를 정독할 수 있는 능력이다. 역시 대기의 오염상태와 교통 및 편익시설 등에 집중해야 한다. 즉 실

용성을 알아보는 과정인 것이다. 인구증감상태와 규제상황 등은 실수요가치와 무관하다. 완성된 부동산만이 가질 수 있는 특권인 것이다.

수도권 입지(정비)와 대지(정리) 상황

판단력과 변별력, 분별력은 투자의 강렬한 동기부여가 될 법하다. 이는 국토를 구분하는데 그대로 적용된다고 볼 수 있기 때문이다.

국토를 정독하는 사람은 두 부류로 분류 된다. 자연예찬론자와 도시예찬론자로 구분되는 것이다. 이것은 경기도의 아파트 비율과 서울의 아파트 비율과 무관치 않다. 경기도의 아파트 비율은 80%이지만 서울의 경우는 65%이기 때문이다. 수도권의 부동산 구조가 후천성 기형아라는 증거다.

자연예찬론자는 실수요자(주거인구)이고 도시예찬론자는 투자자(가수요세력)이다. 작금은 단순한 도시구조와 신선한 자연(시골, 전원)구조를 정독할 때이리라. 수도권(서울, 경기, 인천)은 도시를 적극 대변하는 입장이다. 수도권에 투자자가 집중적으로 몰리는 이유다.

'자연'을 '개발' 하여 도시가 성장하고 그 결과 인구의 집중도와 인구밀도가 달라지는 것이다. 성장(변화)과 과밀(집중도)을 낳는다.

범례) 수도권 권역은 부동산 권력이다. 수도권정비계획법은 33개 시 · 군을 철두철미하게 관리한다.

자연보전권역 – 한강수계 보호의 목적이 있다(인구비율은 4%).
이천, 남양주일부, 용인일부, 양평, 여주, 광주, 안성일부

성장관리권역 – 과밀억제권역으로부터 이동할 수 있는 인구는 철저한 관리 대상이다(가수요세력의 막강한 화력 때문!).
성장관리권역 안의 인구비율은 17.7%.
수도 서울을 중심축으로 하여 남쪽과 북쪽에 위치해 있다.

과밀억제권역 – 부동산과 인구의 집중도를 고루 분산하는데 그 목적이 있다. 인구가 무려 78.3%가 몰려 있는 지경.
서울, 인천일부, 의정부, 구리, 남양주일부, 고양, 하남, 수원, 성남, 안양, 부천, 과천, 광명, 의왕, 군포, 시흥(수도 주변에 위치해 있다).

인구집중유발시설 – 학교, 공공청사, 업무용건축물, 판매용건축물, 연수시설 등(수도권정비계획법에 따른 시설물–입지에 따라 차등 규제 실시)

수도권 - 수도 서울을 중심으로 부동산이 동산화 여정을 밟고 있다. 그로 인해 인구집중화가 가속화 되고 인구밀도가 높아지고 있다.

지방 - 제2의 수도(세종특별자치시)의 역량에 기대감을 갖지만 그 효과가 크지 않다. 인구의 집중화가 미약하고 인구밀도가 낮기 때문이다.

수도권정비계획법의 존재가치 - 인구의 양적가치와 질적가치, 그리고 인구와 부동산들과의 조화(적정한 배치구조를 그린다).
인구구조와 부동산구조, 도로구조를 통해 지역평화와 안녕을 구축한다. 지역평화와 진화가 곧 지역주민들의 행복의 도구가 될 수 있기 때문이다.
수도 이전 노력을 아무리 열정적으로 열심히 해도 수도권정비계획법은 사라질 수 없다. 서울 강남의 마력은 여전히 위력적이기 때문이다. 아파트투자자가 급증세인데 이는 강남 투자자의 절반가량이 지방 사람들이기 때문이다. 전국적으로 인기 있는 곳이 여전히 서울인 셈이다. 서울은 완성도 높은 부동산만 존재하는 공기가 더러운 공간이다. 인구 또한 완성도가 높다. 강남의 인구분포도만 봐도 금세 알 수 있는 대목. 주거인구 대다수가 유명인사다. 즉 부동산을 창조하고 기획하는 인구가 다량 분포되어 있다는 것이다.

서울은 도시 환경이 탁월하지만 자연환경은 그 반대의 상황이다.

국토를 구분하는 방도

1. **자연환경** - 맹지입지에 집중한다. 완성도 낮은 부동산이 다양하게 분포되어 있기 때문이다.

2. **도시환경** - 대지(택지)가 다양하다. 완성도가 높다.

자연과 도시의 연결고리 역할을 기반시설이 한다.
기반시설이란 '기본(길, 도로)'의 다른 말.

위의 1과2의 상황엔 반드시 기본이 필요하다. 기반시설 없는 도시와 자연은 무용지물이기 때문이다. 자연환경이 뛰어난 곳엔 비법정도로(마을안길, 이면도로 등)가 분포하고 도시환경이 탁월한 곳엔 법정도로가 있다(고속도로, 국도 등).
자연환경 안에 도시환경을 조성하는 게 순리다.
도시의 어머니가 곧 자연 상태인 것이다. 자연의 젖(모유)을 먹고 사는 존재가 곧 도시와 도시인인 셈이다. 자연환경이 발전과 개발의 바탕화면(백지, 맹지, 녹지)인 셈이다. 바탕화면에 그림을 그린다. 개발조감도를 그리는 것이다. 자연 공간(공원)과 도시 공간의 차이는 공기의 차이다. 공간과 공원의 원자재가 곧 공기이기 때문이다.

도시환경 - 산업단지가 조성되어 인구의 집중화(진화)가 진행된다. 공업지역과 상업지역으로 분화한다.

자연환경 - 관광단지 등 굴뚝 없는 산업에 사활을 건다. 녹지지역에서 이루어진다.

도시지역은 공업지역과 녹지지역, 상업 및 주거지역으로 구성되어 있다. 농업진흥지역은 '농업지역'을 대변, 대신한다. 농촌의 존재감을 외부에 적극 표출한 상황인 농업진흥지역은 농업보호구역과 농업진흥구역으로 분류되기 때문이다. 농업진흥지역은 녹지지역(서울은 제외), 관리지역, 자연환경보전지역을 대상으로 농업진흥구역과 농업보호구역으로 구분하여 지정한다. 시·도지사가 농지법에 따라 지정, 고시한다.

땅 투자자에게 필요한 지혜 중 하나가 바로 탁월한 상상력이다. 잠재력의 재료가 바로 상상력이기 때문이다. 사물과 사안들을 접할 때 현미경으로 보지 말고 망원경을 통해 주변 분위기를 인지해야 한다.

우주 - 세상의 주인

지주 - 땅과 하늘의 주인(지상권과 공중권의 주인)

망원경으로 발견과정을 밟는 건 산지에서 보는 것과 농지에서 보는 것의 차이 때문이다. 도시지역과 비도시지역을 바로 보라.

비도시지역 - 자연환경보전지역, 농림지역, 관리지역(옛 준도시 및 준농림지역. 난개발방어를 위해 설정, 정립해놓았지만 여전히 난개발은 이루어지고 있다. 미분양사태는 난개발의 부산물이다)

부동산개발(자연 진화 과정) - 공기를 점유하여 공간 등을 판매하는 행위

예) 공기는 시각적으로 볼 수 없으나 촉각 기능이 강한 지경

공원, 공간 - 시각적으로 목도가 가능하다.

1. 공기오염도가 높은 공간 - 완성도 높은 부동산(도시 공간-수도권)

2. 공기오염도가 낮은 공간 – 완성도 낮은 부동산(자연 공간–비수도권)

부동산투자, 지식으로 할 것인가, 아니면 상식으로 할 것인가.

지식 – 학교생활에 충실한 결과물(효과)

상식 – 사회생활을 통해 얻을 수 있는 지혜의 여정

지식으로 투자하는 경우보단 상식으로 움직이는 게 안전하다. 지식이 풍부한 자가 상식을 파괴하는 행위를 하는 경우가 없지 않아서다.

예) 입지를 보고 투자하는 경우와 대지를 보고 투자하는 경우의 차이 – 하드웨어(몸 상태와 그 자체–고학력–외모)와 소프트웨어(위치와 입지–인생경험–지혜)의 차이

08

수도권 집중도가 절대로 떨어지지 않는 이유

수도권 인구가 지속적으로 증가하고 있을 때 지방인구가 감소하는 이유를 세 가지 성질에서 모색 가능하다.

1. 편익성 – 편익시설의 다양성(백화점 등 대기업과 관련된 멀티업종+업무 및 상업시설의 집중도가 높다)

2. 수익성 – 투자공간이 수도권이라면 상대적으로 지방은 실수요공간일 수밖에 없다. 즉 자연사용법에 도통하지 않으면 안 되는 것이다. 한 공간에서 움직이지 않는 인구가 증가한다면 그들은 자연히 상주인구인 실수요인구일 것이다.

서울 강남 투자자의 분포도를 보면 다양하다. 역시 지방인구가 꾸준히 급증한다는 점이 특이사항이다. 수도권 힘이 갈수록 커지는 이유 중 하나다. 이는 강남 거품이 지속되는 이유이자, 강남이 여전히 전국적으로 지속적으로 그 유명세를 유지할 수 있는 힘이다. 거품의 1번지라는 명성도가 대단하다. 역시 인구의 힘을 무시할 수가 없다. 인구의 힘이 곧 지역의 힘이기 때문이다. 이를 테면 강남지역엔 언론사 간부가 많이 산다.

우리나라 언론사는 정치와 경제와 문화, 그리고 부동산의 신분을 전격적으로 전환할 수 있는 힘을 보유하고 있다. 수도권 기사가 많은 편! 편중된 기사가 문제이지만 서울의 힘이 커지는 이유다.

수도권과 지방의 지역특성은 변하지 않을 거다. 유전자의 차이 때문이다. 수도권의 대도시 가치는 높고 지방의 대자연의 가치는 너무도 높다.

3. 환금성=편익성+수익성

돈 많은 사람들은 돈 많은 지주들과 손잡는다. 거품의 공간은 서민들의 접근금지구역이기 때문이다.

수도권 인구의 특징 - 실수요 겸 투자자, 혹은 투자자가 지속적으로 증가세이다. 투자자 규모가 거대하다. 거래량은 많지만 사용량은 그에 못 미치고 있다. 큰 시세차익을 바라는 주거인구가 급증세라서다. 투자자 규모가 크고 증가세이기에 수도권 인구 집중도가 계속 높아지는 법. 국토균형발전은 요원하다. 수도권의 주거인구 대부분은 투자자인 것이다. 매매인구 대비 전매인구도 급증세다. 쉼 없이 아파트가 공급되고 아파트분양가가 오름세를 보지 할 수 있기 때문이다.

거래량(투자자 증가세)이 증가하면서 가격구도를 새롭게 쓴다. 대한민국 부동산의 바로미터는 여전히 아파트다. 지방 아파트가 아닌, 수도권 아파트다. 특히 서울 강남4구의 아파트의 시계는 대한민국 부동산의 표징이다. 서울 아파트가 이미 지방 아파트의 롤모델이 된지도 오래다. 모든 아파트의 표준이 되었다.

수도권의 아파트가 차지하는 비중은 가히 최고 수준! 경기도 하남시의 경우 아파트가 차지하는 비중이 무려 95.2%이다. 거품이 심한 이유이리라. 그린벨트1번지인 이곳은 공장용지도 다양하다. 그것도 거품의 온상이다. 김포시의 경우에도 아파트가 차지하는 비율이 높다. 90.6%이다. 인구 85만 명의 화성시도 높아 무려 91.6%가 아파트다. 서울의 경우 아파트가 차지하는 비율은 65.7%이다(2020년 현재).

경기도는 79.3%, 인천은 71.7%가 아파트다. 특히 연수구의 경우 93.8%가 아파트다. 아파트가 여전히 변함없이 부동산의 꽃이라는 증거다. 꽃 중의 꽃이다. 아파트 집중도와 관심도가 수도권에 몰려 있다 보니 부동산가격이 오르고 있는 것이다. 주거시설물인 아파트가 오름세라면 자연히 당연히 주변 상업 및 업무시설물도 오름세를 탈 것이다. 투자자가 계속적으로 증가할 수밖에 없는 것이다. 지방인구가 꾸준히 감소하는 이유다. 지방인구의 유출현상은 두 가지 요인 때문이다.

아파트 혹은 땅 투자 목적, 그리고 대학입학의 문제로 이동인구가 새롭게 발생하는 것이다. 대학이건 투자공간이건 무조건적으로 명문대와 SKY로 몰린다. 국토의 불균형현상이 지속되는 이유 중 하나이리라. 서울(S) 경기(K), 그리고 젊은 공간(Young)을 선호한다. 지방이 지속적으로 빠른 속도로 늙어가는 이유이리라.

국토불균형의 난제가 해결되기 쉽지 않은 건, 수도권은 계속 젊어지고 비수도권은 계속 늙어가는 추세가 계속 이어지기 때문이다.

09

부동산개발과 재개발의 차이

　　만족스런 성공투자를 한 사람의 특징 중 하나가 바로 부동산투자에 관한 자신 만의 철두철미한 철학이 가슴 속 깊숙이 명기되어 있다는 것이다. 주변 분위기와 군중심리에 쉽게 흔들림 없이 줏대 있는 투자의 길을 갈 수 있는 이유다.

과연 부동산은 그 배면에 '정답' 이라는 율법이 기생 가능할까.

부동산개발과 재개발의 배면을 통해 차이점을 견제할 수 있을 것이다.

(1) 부동산의 정답 - 상수, 법

(2) 부동산에 관한 해답 - 변수와 노하우

(1)의 상황 - 단순하다. 현재의 모습이기 때문이다.

(2)의 상황 - 복잡다단한데 그 이유는 미래의 모습이기 때문이다.

(1)의 상황 – 시야가 좁다. 잠재력이 낮은 이유다.

(2)의 상황 – 시야가 넓다. 잠재력이 높은 이유다.

(1)의 상황 – 공식적이고 획일적이라 창의성이 결여되어 있다

(2)의 상황 – 비공식적이다. 창의력을 발휘할 수 있는 계기, 기회를 맞을 수 있는 연유다.

창의력엔 순발력이 동원된다. 필요하다.
판단력 역시 긴요한 지경이다. 순발력, 판단력, 창의력 등은 서로 연결된다. 굳이 그 차이점을 말한다면 순발력과 판단력은 그 성질이 온순한 편이다. 애매모호하다.

예) 창의성은 존속 가능하나, '순발성'과 '판단성'은 그럴 말한 여유가 없다.

요컨대 창의성은 편리성이나 편익성으로 점철된다.
창의력의 최종목적지가 바로 편안함과 안전함 아닌가.
부동산에 대한 해답의 중요성과 필요성을 새삼 재차 강조하고자 한다. 이는 개발의 진행과도 직결될 수 있기 때문이다.

개발계획의 특징 중 하나가 바로 계획대로 100% 온전히 진행, 이행될 수 없다는 점이다. 변수 때문이다. 변수 없는 부동산이란 있을 수가 없는 것이다.

어리석은 부동산구조 중 하나.

안 좋은 변수가 그 좋은 실례이다. 안 좋은 변수와 나쁜 변수는 상이하다. 안 좋은 변수는 인위적으로 수정이 가능하기 때문이다.

서울 금천구청 외모의 화려함과 수려함, 그리고 그 바로 앞의 낙후된 공중화장실의 모습이 바로 어리석은 부동산구조 중 하나일 것이다. 역 입구 모양새가 안 좋다. 인근 석수역의 구조 역시 크게 다르지 않다. 무수한 작은 공간들과 대기업이 건설한 키 큰 아파트와의 공존공유 현장모습 속에서 작은 공동주택 모습이 눈에 확 들어온다. 재개발대상이다. 석수역 인근에 변화조짐이 전혀 보이지 않는 건 아니다. 단독주택이 없다는 점이 균형과 조화에서 후진성을 면치 못하나, 향후 신안산선 석수역에 대한 기대감이 높다.

재개발과정과 개발과정을 올바로 인식할 수 있는 건 '진입상태(형태)'와 '삽입 상태'에 관한 깊은 이해이다.

진입 - 새로운 개발

삽입 - 재개발

예) 전철연장노선개발

(지난 2021년 3월27일 문을 연 5호선 하남시청역과 하남검단산역 연장노선
이 바로 삽입의 그 좋은 실례)

진입의 예) 새로운 고속도로건설(신작로)

『**진입과 삽입 사이 – 리모델링 존속**』

새 지자체(지역)가 탄생하기는 힘들다.

예) 세종특별자치시(연기군과 공주시, 청원군 일부를 개조, 개발한 형태
의 대형공간으로 개발은 지금도 진행 중이다. 기하급수적으로 전체인구가
급증할 수 있는 힘이다)

그러나 새 도로와 새 부동산을 조성+건설하는 건 상대적으로 용
이하다.
거대공간의 건설과정과 작은 공간의 건설과정 간의 큰 차이점이다.

삽입(재개발형태)이 가능한, 필요한 지역

예) 신안산선의 특수(혜택)를 노릴 만한 석수역 일대

몇 해 전만 해도 전철출입구의 힘의 불균형을 의심 받았지만 지금은 버스환승이 수월한 큰 다리가 출구에 생겨 안전성과 편리성을 모두 확보한 상태이기 때문이다. 특히 곳곳에 오래된 작은 공동주택을 개발하려는 열의가 돋보인다. 다만 그걸 투자의 공간으로 인식한다면 지역거품이 걷잡을 수 없을 지경에 이를 것이다. 서민공간이라는 이미지에 큰 치명상을 입을 수 있다. 서민공간이라는 특수성과 개성을 잃으면 빈 주거시설이 무성할 수도 있다

주거시설의 패악 - 거품과 미분양

이 두 가지 사안은 서로 연결되기 때문이다.
미분양의 원흉이 거품이기 때문이다. 개발효과가 미온적인 건 거품과 미분양 때문이다.
주거인구와 투자의 인구가 급감한다. 즉 지역관심도가 마구 떨어질 수 있다는 것이다.

10

거부 대신 기부하라

학교와 학원의 차이점은 의외로 크다. 한 지역의 기본이자 랜드 마크가 학교일 수 있지만 학원이 지역 랜드 마크인 경우는 투기의 온상일 수 있기 때문이다. 8학군이 문제의 노출지점이다. 지극히 인공적이다.

(1) 학교 – 기본과 상수를 가르치는 착한 큰 공간

(2) 학원 – 변칙과 기회를 배울 수 있는 비범한 소형 공간

「변칙 – 숙성된 원칙」

'바쁜 일'과 '나쁜 일'의 차이점 – 극과 극(하나는 진보 중이지만 하나는 퇴보 중이기 때문이다)

⑴ 아름다운 외출과 화려한 외출

(2) 아름다운 노출과 화려한 노출

노출 – 개발과 공간 노출

외출 – 사람 통해 가능한 동작들(예–이론보단 적극적이고 공격적인 임장활동을 통해 스스로 자극을 받는다)

대자연도 노출 대상이다. 개발완료지역 역시 노출 대상에서 예외일 수 없다.

대대적으로 공고한다. 홍보에 열을 올린다. 가령 신도시가 완성된 지역을 보라. 언론의 기사 하나하나가 곧 돈이다.

노출현상을 목격, 발견하려면 외출이라는 노력의 과정이 필요하다. 외출 없인 노출도 없는 법이니까.

즉 외출은 과정이요 노출은 결과(효과)인 것이리라.

기사를 정독했다면 직접 현장답사를 통해 기사의 정확성을 확인하는 절차를 밟는다.

외출의 또 하나의 의미 – 자유를 발견할 수 있는 동기(호기).

외출(표현, 표출!) 없는 자유는 진정한 자유일 수 없다. 감옥(고착관념)으로부터 해방될 수 있는 자유를 만끽한다. 감옥은 고통의 과정이요 자유는 효과다. 개발결과다. 자유를 분실한 상태의 도시

개발(도시의 완성과 개발완료)이란 실패를 의미하는 것이다.

『감옥 – 규제 혹은 강한 선입견들과 부정적인 가슴』

기부와 거부의 의미.

기부 – 예) 바쁜 일

연기하지 말고 당장 실천에 옮기는 게 순리, 외출(행동)하라!

거부 – 예)나쁜 일

기부는 실천의 효과요 거부는 미룸(연기의 연속–장기연기)의 다른
표현이다. 예비투자자 입장에서 반드시 인식할 대목은 바로 '습
관성 장기연기'는 '포기'를 의미한다는 사실이다.

11

성공지표

우리 주변에서 가장 많이 남용, 상용되는 말이 있다.

'성공' 과 '사랑' 이다.

성공이 인생 목표인 사람이 있고 사랑이 인생 목표인 사람도 있을 법하다. 물론 후자가 아름답다. '성공' 하기 위해선 우선적으로 '성숙' 의 의미부터 관철하고 '만족공부', 그리고 실패 안 하는 방법이 무엇인지를 바로 인식할 필요가 있다. '성숙' 은 만족감과 연결되고 만족은 실패 안 하는 방법으로부터 발현하는 것이니까.

포만감과 만족감을 스스로 깨닫지 못하는 불행한 부자가 대기업 재벌과 벼락부자다. 이들이 불행한 건 늘 시간에 쫓기고 살기 때문이다. 1등(최고) 지상주의에 사로잡혀 돈은 풍족하나, 시간은 늘 부족한 상태다. 시간과 돈(금력)의 노예, 그리고 권력의 포로 생활을 하고 있는 것이다. 이들에겐 시간이 곧 돈이다.

1조원이 있다면 10조원을 손에 쥐어야 직성이 풀린다. 부자가 성공한 자를 의미하는 건 아니다. 앞서도 언급했지만 부자는 늘 두 가지로 분출되기 때문이다. 불행한 부자와 행복한 부자로 말이다. 전자는 배고픈 부자이고 후자는 만족을 잘 아는, 여유의 상징이다.

자유와 여유를 잃은 돈 부자는 불행한 자이다. 자유와 여유를 얻은 '정(사랑)부자'는 행복한 부자이다. 지피지기면 백전백승.

지금 시행착오를 겪고 있는 자가 상대(성공의 의미)에 대해서 잘 알고 있다면 또 다른 실수를 범하지 않는다.

성공의 도구가 사람이 아닌 사랑인 셈이다. 사람은 사랑(정)을 먹고 사는 동물이기 때문이다. 사랑 없는 사람은 사망선고를 받은 것이나 다름없다. 사람의 재료가 사랑이기 때문이다. 원래 사람은 선하게 태어났기 때문이다. 그것을 '중용상태'라고 한다. 희로애락이 발현, 작동하기 이전의 그 순수 자체가 바로 인간 본연의 모습, 즉 탄생의 모습이라는 것이다.

신앙과 양심의 자유를 방임으로 수용한다면, 즉 서로 따로 노는 자가 바로 남에게 피해를 주는, 존재가치가 낮은 실패자인 것이다. 정치인 중 종교를 가지고 있는 분이 대다수 차지한다. 신앙이 일종의 정치 재료인 셈이다. 자신의 내면세계와 외면세계가 따로 노는 것이라면 실수한 인생일 것이다. 사기다. 내면의 세계와 외면세계를 외면하는 일(길)은 절대로 용납, 용서할 수 없다는 자각이 필요하다.

이러한 인생철학을 가지고 이 땅을 사는 사람이야 말로 진정한 성공자의 모습이 아닐까 싶다. 이런 분이 많은 곳이 바로 투자가 치가 높은 곳이라 여겨진다. 주거인구의 가치를 드높여 유입인 구가 증가할 게 분명하므로.

명분이 깨끗하고 선명하여 지역생명력이 강하다. 진정한 성공인 의 주특기가 바로 언행일치이기 때문이다.

사람과 평화 = 사랑과 평화(성공한 사람의 모습이다)

사람과 평화 ≠ 사랑과 평화(사기꾼의 모습이다)

지역평화가 투자의 목적이자 성공의 목표이다.

12

쌍둥이 도시(Twin Cities)의 극대화

투자에 실패한 자는 잘못된 부동산노하우에 집중한 자이다. 결과우선주의자이다. 습관적으로 과정을 무시한다.

범례)

1. 시세차익 남기는 방법을 노하우로 여기는 자

2. 삶의 질(의식주)을 제대로 인식하고 있는 것을 부동산노하우로 여기는 자

중요한 건 지나친 거품이 바로 삶의 질의 저해요소라는 사실이다. 1의 상황은 결과지상주의로 단기투자형태이다. 투기를 의심 받을 수 있는 상황이라 불안한 노하우다.
2의 상황은 과정을 강조하는 상황으로 장기투자형태다. 실수요 모습이다.
부동산과 관련된 '강조' 와 '강요' 의 차이는 크다. 투기는 강요

와 관련 있지만 투자는 강조의 의미를 내포하고 있기 때문이다. 자유에 투자하지 못하면 그건 투기다. 투기는 여유와 자유를 상실한 형태이기 때문이다. 시간의 자유를 잃은 상태가 바로 투기다. 요컨대 '강요와 강조'의 차이는 '집착과 집중'의 차이인 것이다.

투기행위 - '시간'의 노예생활(시간은 매일 움직인다)

투자능력 - '공간'을 지배 할 수 있는 힘(공간은 고정성을 강조한다)

인간을 지배할 수 있는 능력 - 실수요가치(실용가치-지금당장 사용가능한 상태)

시세차익 남기는 방도를 알려주는 정부와 국가, 지자체, 그리고 시행사로 인해 실수요 겸 투자자가 급증세다.

예) 전매라는 단어를 서슴없이 사용하는 언론과 신도시아파트에 투자하기(=거품을 구입하기).

신도시 단어가 남용되는 이유가 있다.
신도시의 특성 때문이다.

신도시의 특성 – 발표에서 완성이 되기까지 무려 10여 년이 흐른다. 10년간 거품이 주입되는데 개발계획이 발표되면서부터 언론이 거품을 주입시키는 일등공신이다. 연일 가짜뉴스와 포장뉴스를 쏟아낸다. 그 수위가 거품수준이다. 작금의 3기 신도시 역시 벌써부터 개발이익과 수익, 분양 운운하는 상황이다.

개발청사진과 조감도가 곧 거품의 재료! 신도시 형태가 급변하는 추세다.

2기 신도시인 광교신도시와 위례신도시가 그 좋은 실례이다. 행정통합형 신도시라고나 할까. '쌍둥이 도시형태'를 유지하고 있다. 도시가 연합, 연동하는 모양새다. 의도적이지는 않겠지만 말이다.

수원과 용인 두 거대도시가 협치를 통해 이룬 신도시가 광교신도시이고 서울 송파와 경기 하남, 성남을 하나로 만든 게 위례신도시다. 서울 송파는 25개 서울 자치구 중 주민등록인구가 가장 많은 곳이다. 성남은 31개 경기 지자체 중 인구 순위가 4위에 랭크되어 있다(94만 명).

광교신도시는 수원 땅이 88%이고 나머지는 용인부지로 구성되어 있는 녹지율 41.7%의 자연친화적 신도시다. 신도시 중 가장 높은 녹지율을 자랑하고 있다. 주택용지비율은 18.8%이다.

위례신도시는 공영개발방식이 도입된 최초의 신도시인데 공영개발이란 국가 또는 공공단체가 민간의 생지를 매수하여 개발하는 방식이다.

연담도시화에 걸 맞는 개발방식을 채택하지 않으면 안 되는 시
대다. 인구집중화(편중)와 젊은 인구가 급감하는 현실에 부합하
는 개발방식을 지탱하지 않으면 안 될 것이다.

연담도시화란 도시가 성장해서 이어지는 현상으로 도시연합의
성격이 강하다.

도시연합 - 인구성장과 물리적 확장을 통해 여러 도시들이 하나
의 산업화 개발지역으로 급부상하여 수많은 도시를 구성 할 수
있는 힘! 쌍둥이 도시(Twin Cities)와 맥을 함께 한다. 지리적으로
가까운 두 도시가 도시의 성장과 인구팽창에 따라 하나의 권역
으로 통합하여 서로 상생, 발전해가는 현상을 우리는 쌍둥이도
시라고 부른다.

2기 신도시 중 동탄신도시가 면적, 인구, 주택수가 가장 많다.
인구밀도는 위례신도시가 가장 높고 광교신도시가 가장 낮다. 2
기 신도시의 시발점은 지난 참여정부 때인 2003년이다.

당시 신도시에 참여한 지역은 총12곳(판교신도시, 동탄1,2신도시, 한
강신도시, 운정신도시, 광교신도시, 양주신도시, 위례신도시, 고덕국제신도
시, 검단신도시, 아산신도시와 도안신도시)이었다.

한강신도시는 김포에, 운정신도시는 파주에 안착하였고 고덕국
제신도시는 평택, 검단신도시는 인천에 안착한 상황. 도안신도

시는 대전일대에 입성하였다.

도식적일 수는 없겠으나, 결과적으로는 신도시가 쌍둥이도시의 성격을 닮았다. 1기 신도시인 일산신도시와 3기 신도시인 고양 창릉신도시, 1기 신도시인 중동신도시는 3기 신도시인 부천 대장동일대와 연동한다. 위례신도시는 3기 신도시인 하남 교산신도시와 연동한다. 검단신도시는 3기 계양신도시와 연동하여 인천의 존재가치를 극화한다. 신도시가 쌍둥이 도시형태로 진화한다. 일종의 연합작전을 펴고 있는 것이다. 그 힘이 배가가 될 것으로 추정된다.

예) 평택+화성을 통해 신도시의 힘이 극대화 되고 있다. 고덕국제신도시와 동탄1,2신도시의 접근도와 신선도는 높다. 완성도는 낮으나 기대감은 높다. 화성, 평택은 오랜 기간 지역라이벌구도를 그린 상황이다.

인천+김포+파주도 마찬가지 입장이다. 서로 인접한 지경이다. 지역라이벌관계가 될 법하다. 도시연합의 과정을 통해 도출해 낸 새 지표가 미분양아파트를 줄여나가는 방도가 될 수 있다. 문제는 거품수위를 지혜롭고 슬기롭게 조율하는 것이겠지만 말이다.

不動産은 人生이다
Real Estate Is Life

Part_05

부동산 사기
안 당하는 방법

01

이것만 알아도 사기(실패)는 모면할 수 있다

앞서 강조했듯이 투자하기에 앞서 부동산노하우의 의의에 대해 정확하게 인지해야 한다.

부동산노하우란?

1. 사람 사용법을 발견하는 것이다(탐구하기).

2. 부동산노하우란, 도로 사용법을 발견하는 것이다.

3. 돈 사용법을 발견하는 것이다.

4. 대기업가치와 대도시가치, 그리고 대자연의 가치를 발견하는 것이다. 이들은 서로 강한 연대성을 유지하기 때문이다.

5. 시간 사용법을 모색하기(연구하기). 시간낭비는 소모전이기 때

문이다.

6. 부동산노하우란, 현장답사방법을 모색하는 법이다. 이론공부를 다양하게 하는 것보다 현장답사방법에 집중하는 게 낫기 때문이다. 이론공부는 경험이 아니다. 지식에 불과하다.
중요한 건 지식은 상식(≒지혜의 과정)과 다르다는 것이다.
경험을 통해 산출하는 게 바로 상식이다. 상식은 도덕과 일맥상통한다. 실수확률이 낮은 이유다.

7. 지역 랜드 마크(지역성질) 모색하기

8. 과거의 특징과 현재, 미래의 특징 발견하기.
과거 성공사례에 집착하면 큰 패착을 둘 수 있다.

9. 자신의 위치(처지)에 맞는 부동산 10계명을 만드는 방법을 터득하기

10. 언론의 특징을 바로 알기(가짜뉴스가 너무 많기 때문이다)

11. '부동산가격의 특징' 연구하기

12. 사기꾼의 특징 연구하기 - 강의 중 공무원으로부터 정보 취득한다고 거짓말 하는 업자가 있다. 전형적인 악질적인 기획부동산업자의 수법 중 하나이다.

13. 공인중개사의 특징 연구하기(가격담합행위 감시하기)
- 중개수수료 과다하게 요구하는 자가 있다(부동산업자와 전문가도 마찬가지로 연구 대상이다)

14. 부동산 개발계획의 특징과 위정자의 개발공약의 특징 연구하기

15. 역세권의 특징 발견하기

16. 서울 강남 거품의 특징 연구하기

17. 경기도의 특징 발견하기(예-평택 화성 용인등지)

18. 부동산의 특징을 발견하기(예-안전성, 환금성, 수익성, 고정성, 희소성 등)

19. 기획부동산의 특징 발견하기

- 양적으로 공인중개사보다 더 많기 때문이다.

기획부동산은 바퀴벌레다. 번식력이 높고 그 수를 정확하게 알 수 있는 자는 없기 때문이다. 매일 개업과 폐업을 반복하다 보니 그런 것이다.

20. 맹지의 특질을 발견하는 것
- 접근성 높은 맹지는 개발 대상이기 때문이다

21. '부동산 용도의 특징' 발견하기
- 용도지역과 구역, 지구의 연계성. 이들은 반드시 연동한다. 마치 큰 도로와 작은 도로들이 서로 연동하듯 말이다.

22. 규제의 의미를 발견하는 것
- 규제강도가 낮은 곳은 규제해제대상으로 그곳은 개발대상이다
(최소비용으로 개발을 시작할 수 있고 최대효과를 노릴 수 있는 지경이므로)

23. 국토의 특징을 간파하는 것.
(사람 몸이 대부분 물로 구성되어 있듯 국토 대부분도 물과 산으로 구성되어 있기 때문이다. 즉 규제의 온상인 것이다)

요컨대 부동산노하우란, '발견과 발명의 과정' 인 것이다.

『발견 – 투자자의 경우에 해당(입지를 발견)』

『발명 – 개발자의 경우에 해당(개발청사진은 위정자가 발명한다. 개발의 타당성의 발견은 개인투자자의 몫)』

투자자 – 발견하는 자(기다리는 자), 반복적인 임장활동을 통해서 투자지역을 발견하지만 여행과정에서도 투자의 공간을 모색하기도 한다. 여하튼 활동적인 자가 투자자인 것이다.
활동적인 자에게 돈이 접근한다.

발견하는 자는 기대감을 가진다. 그리고 책임감을 갖는다. 투자 이후 후회하지 말아야 하기 때문이다. 투자 이후 후회란 실패를 자인하는 것이기 때문이다.

개발자 – 발명하는 자(기획하는 자)

기대감과 책임감(+사명감)을 가진다. 자신이 그린 그림에 대해 말이다.

02

공실률과 역사 거리(의 의미)

한 지역의 '역세권'이나 '조망권'은 랜드 마크가 될 수 있을 정도의 높은 존재가치와 위력을 보유하고 있다. 조망권의 힘이 역세권 역할에 의해 변하기도 한다.

1. 역과 역 거리 - 광범위하다. 역과 역의 접근성이 핵심이다.
예컨대 역삼역과 선릉역 간 거리는 최고의 접근성을 자랑하고 있다. 역과 역 사이의 거리가 무려 1000미터 이상인 경우도 많다. 예를 들어 분당신도시 이매역과 광주 삼동역 사이의 거리는 멀고 험하다.

2. 역사와 사물(시설물 등) 간 거리 - 역과 역 거리 대비 광범위하지 않다. 역과 지상물 간의 접근성이 핵심이다.
예컨대 역세권 반경을 강조하는 것이다. 역세권 반경을 500미터라고는 하나, 그 이상의 경우도 많다. 변수가 흔해서다.

경기도 일부지역의 존재가치가 점차 높아질 수 있는 건 잠재가
치보단 아직 실수요가치에 의존하는 상황이 많기 때문이다. 대
다수 젊은 서민들 입성이 가능한 공간이 바로 경기도 일부지역
이다(특히 경기광주역세권 일대).

존재가치(실수요가치)가 점차적으로 순차적으로 잠재가치(투자가
치)로 변할 채비다. 존재가치와 잠재가치가 정비례한다면 좋은
변수가 일어날 수 있을 것이다. 최고의 투자가치인 '희소가치'
가 탄생하는 것이다.

경기도 광주일대의 희소가치는 낮은 편이 아니다. 얌전한+양호
한 가격상태 때문이다. 가성비와 희소성은 정비례하기 때문이
다. 아직 가성비에 관한 비관적인 평가는 없다. 가성비가 '가능
성'을 대신할 수 있는 힘(이유)이다. 공실률이 낮은 편이다. 지역
특성상 광주엔 대부분이 작은 부동산으로 구성되어 있어서 거품
이 만연할 수가 없는 구조다. 현실적으로 경기도 내에서도 큰 부
동산에서 공실과 미분양현상이 속출하고 있지 않은가.

공실률 걱정 없는 공간이 없는 건 아니다. 지역기피시설물 중 하
나라 할 수 있는 교도소가 바로 그것이다. 줄어들지 않는 범죄율
과 무관치 않다.

상가(商家) 공실률은 높지만 상가(喪家) 공실률은 낮은 경우의 수
와 성질이 엇비슷하다. 장례식장 공실률은 낮지만 결혼식장 공
실률은 높은 것과도 엇비슷한 상황이다. 세계 수준의 교통사고

사망률과 솔로족 급증현상과 무관치 않은 결과치이다.

산부인과 공실률도 높은 건 마찬가지다. 이 역시 솔로족급증과 딩크족 영향이 크다. 그러나 성형외과 공실률이 갈수록 낮아지고 있다. 팽배하는 외모지상주의와 무관치 않은 결과치이다.

지방오지라는 거대공간의 공실률은 높아지고 수도권이라는 거대공간은 공실률이 낮아지고 있다. 두 공간 간 인구격차 때문이다. 수도권과 지방의 끈(격차)을 이어줄 만한 모토 마련이 절실하다. 대한민국 부동산의 지상과제다.

큰 공간 – 대기상태(건폐율과 용적률 이외의 공간 – 대자연상태)

작은 공간 – 건폐율과 용적률의 유지(사용)상태를 의미한다.

텅 빈 거리 – 심각한 공실현상이다. 한 지역이 통째로 사멸될 위기를 맞을 수도 있기 때문이다. 대형공실(손실)이다.

텅 빈 상가 – 작은 공실현상이다. 그러나 순망치한이라 했던가. 상처 난 잇몸으로 말미암아 멀쩡한 이빨에 악영향을 미칠 수도 있는 법. 작은 공실이 늘어날수록 지역 마비(위기)상태에 직면할 수도 있다.

03

부동산사기꾼의 모습

부동산후진국인 우리나라는 '가격에 투자하는 사람' 들이 계속 늘고 있다. 한심한 광경이다. 순서가 뒤바뀐 것이다. '가격' 은 과정이 아닌 '결과' 인데 말이다.

가격에 투자하는 사람들이 증가할수록 늘어나는 건 (거래량 대신) 거품의 양이다. 부동산후진국 사람들이 가격에 지배 받고 있을 때 부동산선진국 사람들은 '다양한 가치(삶의 질)' 에 투자한다. 순서가 정상적이다. '삶의 질' 은 과정이기 때문이다. '삶' 은 과정이지 않는가. 물론 죽음은 결론(끝)이다.

결국 부동산후진국의 특성은 '가격에 투자하는 사람들이 증가' 하는 것이다. 부동산선진국의 특성은 '가치(삶의 질)에 투자하는 사람들이 증가' 하는 것이다. 부동산선진국이 훨씬 유리한 건 당연지사다. 삶의 질이 높으면 사람이 집중적으로 몰릴 게 분명하기 때문이다. 사람이 몰리면 가격이 변하는 건 당연한 논리(이치)다.

부동산 선진복지국가엔 인생고수들이 많이 살고 있다. 진정한 부자들이다. 부동산가치를 드높이는 실수요자가 증가하는 것이다. 반면 부동산후진국엔 한방을 노리는 부동산하수와 하우스푸어가 몰려 있다. 가수요자인 이동복덕방이 증가하고 있는 것이다.

부동산고수의 투자기법은 '사람의 가치(실용성)에 집중 투자' 하는 것이다. 타깃이 정해져 있어 실수를 하지 않는다.

하수의 투자기법은 몸값(브랜드, 외모지상주의) 의존도가 몹시 높다. 부동산선진국과 후진국 사이엔 '꿈의 충천과 부동산중진국'이 기생한다. 부동산고수와 하수 사이엔 '꿈의 충천과 부동산중수' 가 기생 중이다.

부동산선진국과 후진국의 차이를 쉽사리 극복할 수는 없으나, 부동산선진국과 후진국의 차이를 잘 알고 있는 사람은 인생고수다. 부동산고수와 부동산하수의 차이를 잘 알고 있는 사람도 인생고수다. 부동산가치와 가격의 차이를 잘 알고 있는 자도 인생고수다. 고수가 큰 실수를 용납+용서하지 않는 이유이리라.

대한민국엔 인생하수들만 들끓고 있는 모양새이다.

사기꾼이 기생할 수 있는 이유(틈새)이다. 사기꾼들의 영원한 먹잇감이 바로 한탕을 노리는 부동산 문외한들이니까.

결국, 대한민국에서의 인생고수란, 대다수 약자 편에서 희망의 메시지를 주입시켜 줄 수 있는 인생 멘토인 것이다.

강자의 예) 마천루(거품의 도구)

약자의 예) 토지(보호자가 반드시 필요한 상태이므로)

강자와 약자가 연계될 때 부동산 선진복지국가가 탄생, 환생할
수 있다.
'강자와 약자 사이를 연결시켜주는 강렬한 매개체(힘)를 찾는 작
업'이 바로 '개발가치(희소가치) 높은 곳을 찾는 작업'이다.
투자가치(개발가치)가 떨어진 지역은 강자와 약자가 서로 단절(불
통)된 상태다.
희소가치가 높은 지역은 개발가치와 보호가치가 조화롭고 평화
롭게 연결된 곳이다. 서로 균형감각을 이루고 있다. 보호가치는
건강한 대기상태를 보지할 수 있는 힘이다.

개발가치의 특성 - 개발공간은 넓지 않지만 보호지역은 넓다.
정반대의 상황이 없는 건 아니다.
100% 도시지역으로만 구성되어 있는 서울이 이에 해당되기 때
문이다. 서울특별시 안에 암 환자와 정신질환자가 꾸준히 증가
하는 이유이리라.
도시지역으로만 이루어진 상태에서의 가용 토지의 희소가치는
그야말로 최고조이다.

이런 희소성을 모색하는 과정에서 반드시 투기꾼, 사기꾼이 출현한다. 이들도 정신질환자 중 하나이다.

부동산사기꾼의 모습 - 규제와 법률의 존재가치를 무시한다. 하수와 약자의 존재가치를 무시한다.

기획부동산의 '기획'은 사기행위가 아니다. 호기(기회)의 다른 말(표현)이기 때문이다.

땅 투자가 힘든 이유가 있다. 기획부동산의 뜻을 이해 대신 오해를 했을 때와 스스로 이해충돌을 일으킬 때 갈등이 생긴다.

중개물의 반대가 기획물인데 말이다. 즉 중개행위 이외는 모두 기획행위(매매행위)인 것이다(물론 전매행위는 정도가 아니다).

땅이 기획과정이 필요한 이유가 있다. 땅은 미완의 부동산으로 완성도가 낮은 부동산이기 때문이다. 절대적으로 보호자가 필요한 상태다. 지주역할이 중요하고 보호자는 개발자, 혹은 기획자를 말한다.

사기꾼은 개발지역을 '억지로' 넓혀나갈 때 출현한다. 보호지역인 규제지역까지 호시탐탐 욕심(침범)을 낸다. 규제지역 안에서의 개발행위는 가치에 치명상을 입는다. 보호가치가 높아서다.

사람을 상대로 사기 치는 행위가 곧 대자연을 대상으로 사기 치는 행위인 것이다. 서로 연결된다. 개발지역을 이용하는 사람(인구)은 반드시 존재하니까.

토지이용계획에 위배, 배치될 때 사기사건이 발생하는 것이다.

토지이용의 특징 – 이용범위 대비 보호(보지)범위가 광대하다. 비교조차 힘든 지경이다.

이용범위가 심히 과장되었을 때 위기가 찾아온다. 사기사건이 발생한다. 사기꾼은 법을 어기는 법 무시자다. 법을 무시한 개발지를 이용, 악용하는 자는 피해자다.

예) 접근도가 매우 낮은 그린벨트 땅을 판매하는 행위 – 사기행위
(해제가능성은 낮고 보호가치는 높기 때문)

다만 접근도 높은 그린벨트 땅은 포기의 대상이 아니다. 사기의 대상이 아니다. 작은 희망을 그릴 수 있는 기회의 땅이 될 수도 있다. 완화 및 해제가능성이 높아서다. 비교적 보호범위가 넓지 않다.

『사기 당하지 않는 방법 – 사기꾼의 특성을 잘 알고 규제 분석력 스스로 수시로 키우기』

04

부동산사기의 동기

부동산사기가 멈출 수 없는 건 삼강오륜이 빠진 애오라지 오감만 존재해서다.

'오감(五感-현장감)'과 '오륜(五倫-인간성)'이 균형감각을 이루었을 때 비로소 사기의 행태가 사라질 수 있는 것이다.

오감과 오륜이 연계되어야 (삶의) 가치가 높아질 수 있다. 단절되면 거품가격만 형성, 양성될 뿐이다. 하나는 삶의 가치, 생활의 가치가 높아지는 것이요 하나는 그 반대가 되는 것이다. '생활의 가치'는 '생산의 가치'와 맥을 함께 한다. 이들 관계 정립이 곧 주거시설과 상업시설이 공존 공유할 수 있는 모태가 된다.

다섯 가지 느낌과 윤리의식은 진정한 성공을 의미한다. 현장답사의 과업은 오감과 오륜의 가치를 수용, 숭상하는 것이다. 언행일치가 되었을 때 만족스런 현장답사과정을 밟을 수 있다. 브리핑 내역과 현장 소식이 다르다면 사기다. 언행일치가 중요한 건 오감과 오륜 관계 때문이다.

부동산 관련 언행일치 = 오감과 오류의 조화로운 관계

교언영색은 침소봉대의 모습으로 거품의 원흉이다. '거품'은 '거짓'의 다른 말이다. '거짓가격'이다. 거품을 불러일으키는 자가 범죄자인 건 거품이 거짓이기 때문이다. 거품의 수명이 짧은 건 거품이 거짓과 위선이라는 증거다. 언젠가는 탄로가 난다. 들통 난다.

부동산을 사용하기 전에 '포용'을 인식한다면 사용가치와 효용가치를 더 높일 수 있을 것이다. 포용력은 높은 도덕적 가치를 필요로 하기 때문이다. 예컨대 아파트 층간소음과 주차문제 등을 해결, 해갈할 수 있는 힘이 바로 포용력 아닌가. 포용력을 잃으면 인간성을 상실하여 순진한 대학생을 상대로 전세사기를 친다. 정서적 사치가 사기로 비화된다. '포용력'을 배우면 성공할 수 있는 건 포용력과 잠재력이 서로 비례관계에 있기 때문이다. 실용가치와 잠재가치와 희소가치가 서로 비례한다.

실용가치(실수요가치)는 공실률을 낮출 수 있는 힘이기 때문이다. 실용가치가 극대화되면 잠재력이 높아진다. 실용가치가 낮은 건 반쪽짜리 성공과 감사가 만연해서다.

완성도 높은 성공과 감사는 오감과 오류의 조화와 같은 것이다.

성공 = 성(오감)+공(오류)

감사 = 감(오감)+사(오류)

하우스푸어와 갭투자 실패자가 급증하는 건 마치 삼강오륜의 세
계가 빠진 부도난 부동산 모습과 같은 것이다.

■ 독보적인 부동산과 독선적인 부동산

육상계주경기는 팀의 화합과 조화가 생명이다. 독주보단 독보적
인 동력을 필요로 하는 것이다. 독주는 독선과 진배없으므로 팀
힘에 보탬이 되지 않고 외려 해가 된다.

독보적인 사람과 독선적인 사람이 있다. 물론 전자의 경우가 탁
월한 경우이고 후자는 지탄의 대상이다. 부동산도 독보적인 역
할을 하는 부동산(지역의 상징물)과 독선적인 형태의 부동산(지역애
물)이 있다. 독보적인 땅엔 사람이 몰리고 독선적인 땅은 사람접
근금지구역이다.

독보적은 독창적이다.

미래지향적이고 진보적이기 때문이다. 독선적인 마음엔 배려가
없지만 독보적인 마음속엔 깊은 배려가 담겨져 있다. 독보적인
마음의 지속상태란 계속 생성, 진화 중을 의미하고 독선적인 마
음은 퇴화, 퇴물로 점화될 뿐이리라.

독보적인 건 진보적이다.

한 지역의 독보적인 인물은 지역의 가치를 드높일 수 있는 큰 선물이다. 귀한 존재다. 독보적인 지상물과 시설물은 지역명물이다. 역시 지역의 가치를 드높일 수 있는 큰 선물인 것이다. 미래지향적이고 진보적이기 때문이다. 독선적인 인물은 미물이다. 과거지상주의와 외모지상주의라 퇴보적이다.

미완성의 상태이다. 미숙한 상태다.

독보적 – 완전한 성공에 근접하고 있다. 목표를 이루며 베푸는 삶을 산다. '성'과 '공'을 모두 완성한 것이다.

독선적 – 반쪽성공으로 목표만 이룬 상황(成).
공(功)을 분실한 상태라 반쪽짜리 완성되지 않은 성공이다. 진정한 성공이라 할 수 없다.

독보적인 존재 – 거시적이고 가시적이다. 양면을 볼 수 있는 시각을 소유하고 있다.

독선적인 존재 – 미시적이다. 현미경 눈을 가지고 있어 단면만 볼 수 있는 시선에 머문 상태다.

독보적인 존재가치는 높은 잠재성을 자랑한다. 화합이 가능한 힘을 보유 할 수 있기 때문이다. 독선적인 존재가치는 잠재성이 낮아 화합이라는 이데올로기는 그저 사치에 불과하다.

'역세권의 힘과 인구의 힘 관계'는 마치 남북관계와 같다고 볼 수 있다. 변수가 다양해서다.

예측도구는 '변수예측능력을 강화하는 길'이다. 역세권의 성격이 독보적이냐, 아니면 독선적이냐는 인구의 동향과 향방에 의해 갈리는 것이리라. 독보적인 역세권에 사람들이 몰리기 마련이다. 관심도와 집중도가 높다.

부동산투자의 성공도구 - 숭고한 잠재력

잠재성의 강한 도구 - 부동산의 MVP

Mission - 서원

(나와의 여러 가지 큰 약속들)

Vision - 희망

(개발에 대한 높은 타당성은 지역의 희망)

Passion - 열의

(긍정적 시각으로의 접근이 필요하다. 그러나 건강한 건전한 비판도 필요하

다. 절대긍정이란 프로세스는 존재하기 힘들기 때문이다. 건강한 건전한 비판을 통해 개발의 정당성과 적정성을 바로 타진할 수 있기 때문이다. 건강한 비판이 건전한 부동산을 만든다)

부동산투자에 실패한 자의 특징 – 성공의 도구가 박학다식한 지식구조라는 착각에 쉽게 잠길 수 있다.

부동산 공부하는 이유 – (만족도 높은) 성공투자를 위함이다. 성공의 도구를 모색할 수 있는 힘을 바로 부동산공부를 통해 얻을 수 있는 것이다. 잘못된 공부과정과 방식, 그리고 연구과정은 실패로 가는 막다른 길이다.

「성공도구 = 나만의 부동산철학과 노하우」

(상황과 유행에 따라) 성공투자를 위한 나만의 성공기준을 만드는 것도 좋은 방법이다. 외형적으로는 성공했지만 실상은 행복과 거리가 먼 삶을 사는 자도 있는 게 사실이다. 현실이다.

'성공의 목표'는 '행복'이다.
'성공'이 인생목표인 자는 '착각'하는 자!
'행복'이 인생목표인 자는 '자각'하는 자!

돈 많이 있다고 성공한 건 아니다. 돈 많다고 행복한 건 아니다. 성공 및 행복의 요건을 스스로 만들 수 있는 성숙한 자세와 힘이 필요하다.

05

떴다방의 패악과 갑을관계의 최후

우리나라 국토의 특성을 크게 나눈다면 규제 범위가 넓을 뿐 아니라 아파트가 차지하는 비중 또한 넓다는 것이다.

아파트의 특성은 두 가지로 분출한다.

1. 거품가격과 연관성이 깊다는 것이다. 이는 '입지의 특질' 보단 '단지의 입성'에 지배 받는 경우가 많기 때문이다. 크기와 높이(용적률)에 지나치게 예민한 반응을 일으켜 거품이 발현하는 것이다.

2. 그 모양새(디자인과 구조)가 일률적이나 가격을 구성하는 구조 또한 일률적이다. 디자인 부분과 외모에 관한 개성 따위를 무시하는 경우가 다반사라서다. 아파트는 땅과 단독주택의 특성과 확연히 다른 것이다. 방향이 다르다. 색이 다르다.

땅과 단독주택의 특성 – 개성이 강해 가격이 다양할 수 있는 지경이다. 선택 범위와 비례한다.

땅의 경우, 용도지역, 지목이 다양하여 가격 또한 다양하게 분출한다. 토지경매에 관심도가 높은 이유다. 싼 맛이 매력이다.

예) 용도 및 지목이 변하면서 가격변화현상을 기대할 수 있다. 용도지역이 변하면 그 일대 지목도 변한다. 용도와 지목이 단절되어 있다면 개인적으로 단순히 환금성을 높이기 위해 지목변경작업에 착수한 것이라 별 의미가 없다. 용도지역의 변화는 개인과 무관한 상황이기 때문이다.

단독주택 역시 땅의 성질을 빼닮아 디자인, 크기 등이 다양하다. 개별성이 곧 개성인 셈이다. 창의적, 독창적인 성질의 땅의 미래가치는 아파트보다 높을 수 있다. 개인투자자입장에서 아파트 대비 가격의 선택 폭이 넓을 수 있는 연유이다.

양적으로 (주거시설의 경우) 공동주택이 단독주택보다 더 많지만 거품을 의심할 수 있는, 투기를 조성할 수 있는 건 단지(오로지) 아파트단지뿐이다(용도의 온도차이다. 즉 1,2종 전용주거지역의 한계요 2,3종 일반주거지역의 차이다).

단독주택이나 빌라 주변에 떴다방이 기생하는 경우는 없기 때문이다.

떴다방의 특성 - 허수를 제조, 조장할 수 있다.

허수 - 거품의 도구. 거품을 요구한다.

떴다방이 노리는 먹잇감은 개미들과 하수들이다.
동물의 세계나 부동산의 세계나 그 특성은 매한가지다. 포식자
(사냥꾼)와 피식자(사냥감) 관계가 떴다방과 개미관계이기 때문이
다. 이들 관계가 성립, 연결되면서 거품이 주입되는 것이다. 수
직구조(갑을관계)가 문제를 야기한다. 수평관계의 정립이 긴요한
지경이다.
신도시 원조인 1기 신도시 부동산주인들의 소망은 리모델링사
업을 수평구조 대신 수직구조로 순조롭게 진행하는 것이다.
즉 수평증축보단 수직증축이 용적률을 유리하게 확보하는데 절
대적으로 유리하기 때문이다. 결국 거품은 상명하복식 수직구조
의 유지 속에서 발현하는 것이다. 경제적 안전성보단 수익성, 사
업성에 지배를 받는다.
부동산의 거래관계는 갑을관계를 지양하고 win-win의 동업자
관계를 유지하는 게 중요하다. 상호의존관계에서 벗어난 상호보
완관계를 지속, 유지하는 것이다. 한쪽은 돈의 가치를 극대화 시
키고 한쪽은 자유로운 돈의 움직임에 동의(합의)하는 것이다.
전자가 투자자를 모집하는 경우라면 후자는 개인투자자입장에

선 기회일 수 있다.

거래 시 경제 가치가 '견제가치'로 변질된다면 거래의 최대 적인 거품이 발현하고 만다.

부동산의 견제대상은 거품이다. 거품을 제거하는 길은 수직이동 대신 수평이동을 선택하는 것이다. 수직의 미래가 무조건 '수익'이라는 걸 과신하거나 맹신한다면 낭패를 볼 수 있는데 이는 수익성에 앞서 환금성을 고려하지 않았기 때문이다.

06

지상최고의 리스크 치료약

내 입장, 입맛(경제사이즈 등)에 맞는 투자지역을 선정, 선점하는 게 중요하다. 우선적으로 '금전적 접근방도' 보단 '긍정적인 접근방식'을 선택해야 한다. 이건 선점과정과 무관하여 본인 의지만 있다면 가능한 일이다. 금전적 상황(사안)은 결과와 성과인 수익성에 연연하는 입장이니까.

언제나 그렇듯 과정이 있고 나서 결과와 효과가 나타나는 것 아닌가. 긍정은 돈을 낳고 부정은 독을 낳는 법이다.

긍정은 덕을 만들 수 있는 힘이다. 덕의 효과, 성과가 곧 복이다.

복덕방을 탄생시킨 원조와 시대적 배경이 바로 '긍정'이라는 횃불(이데올로기)이다.

부동산투자의 최종목적, 명목이 바로 덕(德)과 복(福)의 차이를 바로 견지하는 것 아닌가.

행복이라는 큰 현관문을 개방하는 게 바로 '개발'의 최종 종착지점(목표지점)인 것처럼 말이다.

투자하기 전의 금전적 사고는 긍정을 부정하는 입장. 무지하다.

투자과정 중 쓰레기통에 반드시 과감하게 버려야 할 고정관념이다. 단기간 내 목적을 달성하려는 무리한 의지다. 초단기 내 목표점에 도달하기 위해 희생이 뒤따른다. 조급증이라는 질병에 단단히 걸린다. 벼락부자가 된다. 졸부인생에 접어드나, 오래 못 간다. 떴다방인생이기 때문이다. 만족스럽지 못하다. 평생 '돈'만 향해 질주하는 것이니까. 덕과 복이 단합, 합치하여야 하는데 말이다.

'투기'란 '단기'의 다른 말이다.

단기간 내 큰 수익을 바라는 객기(오기), 호기가 바로 투기인 것이다. 즉흥적이라 수명이 단축된다. 단명이다. 장수시대에 역행하는 것이다. 생명력이 너무 낮아 흔적조차 발견할 수가 없다. 시중에 나도는 가짜뉴스에 크게 노출, 매몰되어 있다.

가짜뉴스의 특성 때문이다. 가짜뉴스는 자극적이고 화려한 화력을 지니고 있어 초보자들이 혹할 수가 있다. 거품과 과장이 들어간 뉴스가 곧 가짜뉴스다. 달콤한 개발조감도는 늘 예쁘다. 화려한 포장과 치장이 들어가서다. 황홀한 개발규모가 사람의 이성을 잃게 만든다. 투자는 나와의 전쟁이요 전투다. 즉 착각과 오만(교만)보단 자각하고 겸손하되 자신감을 잃지 않는 정신자세가 필요하다.

역시 '만족감'과 '행복감'은 하나다. 절대로 분리될 수 없기 때문이다.

같은 느낌의 동족이라 절대로 분리되면 안 된다. 동질감을 느낀다. 자신을 이길 수 있다는 건 내 처지와 입장을 잘 알고 있다는 것이다. 그건 바로 만족감을 스스로 체득할 수 있는 내공을 보유, 소유하고 있다는 걸 스스로 입증하는 것이다. 내 자신을 이기지 못한다면 나 이외의 모든 나쁜 변수들과 싸워 이길 수 없다. 만족감을 느낄 수 없다.

실수요자의 입맛, 입장에 맞는 투자방식과 투자자 입맛에 맞는 방식이 국토 안에 공존한다. 잊지 말아야 할 점은, 국토 대부분이 접근도가 낮은 맹지가 다수 포함되어 있다는 사실이다. 실수요공간이 대부분이라는 것이다. 그 이유는 우리나라는 아직 미성숙, 미개발(개발도상국)공간이 대다수를 차지하고 있기 때문이다. 실수요가치가 곧 미래가치(투자가치)와 연계되는 상황이다.

투자가치의 과거(선배) - 실수요가치

실수요가치는 대자연의 가치와 직결된 지경이므로.

'돌(자연의 가치)'은 '돈(자본의 극치)'의 대선배이다.

높은 실수요가치는 많은 인구를 배출, 노출할 수 있는 '인구 공장'이다.

경기도의 과거 역시 실수요 공간이었다. 요즘 핫이슈가 되고 있는 경기도 평택의 과거 역시 실수요가치만 존재했던 곳이다. 높은 실수요가치가 곧 투자가치로 승화된 사례다. 실수요가치라는 엄마의 자궁이 투자가치라는 여러 자녀를 분만한 것이리라. 투자가치가 실수요가치를 낳는 경우는 없다. 자식이 부모를 낳는 경우는 있을 수 없기 때문이다. 실수요가치는 대자연의 가치와 연계되지만 투자가치인 재테크비법은 인간이 창조한 것이다. 투자가치가 실수요가치를 낳을 수 없는 건 투자가치는 시간(투자 기간-환금성)과 가격에 예속되기 때문이다.

가격이 계속 오르면 욕심의 단계(경사도 높은 계단)를 계속 오르게 되어 있다. 욕망 때문이다. 야망 때문이다. 인간의 수명은 존재하나, 인간의 야망의 끝은 없다. 가격상승세가 계속 이어지면 새로운 목표와 이념이 생기기 마련이다. 투자가 투기로 오염될 수 있다. 이 때 필요한 건 만족감이라는 거울이다. 만족감이라는 새로운 이정표, 치료약이 필요하다.

사기 안 당하는 방도다.

『리스크 사멸장치 – '(자기)만족'이라는 거대한 덕목(재목)』

우리나라 재벌의 특성 – '만족공부'를 생략한 채 경제공부에 매진 중이라는 것이다. 만족감 잃은 경제공부는 야망에 불타 있어

끝없는 행진이다. 주체할 수가 없다. 최고공부와 1등 공부에 매진하는 건 무지한 것이다. 배려와 양보의 힘은 사기와 사기꾼을 사멸시킨다. 끝없는 행진이 반드시 끝없는 행복의 재료가 되는 건 아니다. 끝없는 행진은 조급증이 뒤따르기 때문이다.

자살자의 특성 - 행복지수가 0에 이를 때 극단적인 선택을 한다. 만족지수가 모두 상실한 상태이기 때문이다.

실수하지 않는 투자자로 자리를 잡고 싶다면 자살자의 특질과 자살의 속성을 바로 인지하지 않으면 안 된다.

'표정(외부세계)'으로 '내부사정(내부세계)'까지 알 수는 없지만 리스크(자살행위)를 일단 우선적으로 줄일 수 있는 대안, 방안이 없는 건 아니므로 내 자신부터 제대로 정독(자각과 정립) 할 필요가 있다.

「양보의 선물 - 진보」

이 진리를 깨닫는 순간, 행복감은 내 가슴에 강한 울림으로 다가올 것이다. 재벌과 국민이 하나가 되는 길이다. 상생, 공생의 길은 단순하다. 마치 진리가 단순한 것처럼 말이다.

부동산은 부와 명예뿐만 아니라 가난과 질병과도 연관 있다. 투자자는 환자다. 재벌과 시민(서민)이 하나가 될 수 있는 건 투자자와 투기자가 분리되었을 때 가능한 시나리오.

개미투자자와 개인투자자와 떳다방이 분리되었을 때 부동산이 진정 행복의 도구로 재생, 정립, 존립할 수 있다.

과욕과 '물욕'에서 벗어날 수 있는 독립정신이야말로 나를 이길 수 있는 모태다. 독립할 수 없다면 부화뇌동할 수밖에 없다. 리스크 크기를 줄일 수 없다. 물아(物我)는 독립정신을 기반으로 하는 덕목이다.

물아의 조화 - 나의 입맛에 맞지 않은 물욕 따위를 초토화 시킬 수 있는 힘

범례) 외물(外物)과 자아(自我), 주관과 객관, 물질계와 정신계가 하나다. 분리될 수 없는 존재, 관계다. 조화와 감화가 사명+임무이기 때문이다.

사기 안 당하는 방법은 단순하다. 진리는 복잡하지 않기 때문이다. 사기꾼은 항상 내 옆에 있다. 착한 사람은 영원할 수가 없기 때문이다. 진리가 내 앞에 바로 서성이듯 사기꾼도 내 옆에 서성이고 있다.

07

모델하우스와 부동산입지

부동산 위치와 입지는 두 가지 형태로 점화한다. 투자자와 실수요자 입장차이가 크기 때문이다. 투자자가 바라보는 입지(위치)는 '안전한 위치'와 '위험한 위치'다. 전자는 접근성이 높아 인구흡수력이 높고 후자는 접근성이 떨어져 인구흡수력이 낮다.

실수요자가 바라보는 시각의 차이도 두 가지다.

물리적으로 안전한 위치와 물리적으로 위험한 위치(입지)가 바로 그것이다.

결국 부동산 매수자는 두 가지 개념으로 접근할 필요가 있다. 물리적으로 위험한 위치가 투자자입장에서 투자가치가 떨어지는 건 아니다. 개발계획이 수립된 지경이라면 상황이 반전될 수 있기 때문이다. 그러나 실수요 명분의 매수자는 물리적 안전성에 지배 받는다. 물리적 안전성은 현재가치요 투자의 위치란 미래가치이기 때문이다.

모델하우스는 하우스푸어의 발화지점이다. 개미들의 아지트인 셈이다. 실체(실상)와 거리가 멀다. 실수요가치만 강조할 수 없는 공간이다. 실체가 아니기 때문이다. 허상이기에 과대포장이 필요한 것이다. 프리미엄을 강조한다. 강력하게 요구한다. 강요한다. 예를 들어 산 조망권과 물 조망권을 강조한다. 투자가치를 강조하지 않으면 청약률과 계약률을 높일 수가 없다. 모델하우스는 개발청사진이나 조감도와 진배없기 때문이다. 모델하우스의 위치는 허상이다. 실물위치와 거리가 멀다.

모델하우스와 개발현장은 다르다. 모델하우스의 특징 때문이다. 개미들의 경우 모델하우스를 부동산의 롤모델로 인식하기도 한다. 겉모양새가 너무도 화려해 일시 착각과 환상 속에 빠질 수도 있기 때문이다.

모델하우스의 특징 – 화려함과 거대함 유지

신도시 속 신도시 존속 현상 – 난개발 존속의 이유다. 공급과잉과 하우스푸어의 발화점이다.

실례) 서울 마곡지구의 현장감은 젊고 생동감이 넘친다.
일단(!) 지역공실과 거품증상해소가 지상과제다. 지금 성장 중이기 때문이다.

08

토지 크기와 성기 크기(성격의 넓이)

내일을 위해 오늘을 살지 말고 오늘을 위해 오늘을 살라!

오늘에 충실 하라는 충고다.

경고다.

내일 생각은 하지 말고 일단 우선적으로 오늘의 지금에 충실하자는 것이다. 오늘에 충실 하다보면 내일은 반드시 당연히 오기 마련. 밝은 모습으로 말이다. 사람은 거짓말을 할 수 있지만 세월과 날씨는 거짓과 무관하다. '오늘' 만 있다고 여기자. 집중도가 아마 배가가 될 것이다. 오늘만 생각하고 거기에 충실 하라는 이유는 바로 집중력 강화 때문이다. 집중력이 분산된 오늘의 충실은 미약, 나약할 수밖에 없다. 만족스러운 노력을 이룰 수 없다.

땅 투자자의 자세와 자질도 이와 다르지 않다. 대동소이하다. 현장답사과정(현재가치, 오늘의 가치를 적극 대변한다)에 충실, 전념할 필요가 있다. 현재의 가치와 노력이 곧 미래를 관철하는 과정일

게 분명하다. 일단 투자자에겐 '미래는 없다' 는 정신자세가 필요하다. 현재의 집중력을 극대화하기 위한 노력이다. 현재 없는 미래는 없다.

현재는 '미래의 도로' 다.

결과(미래, 수익성)만 생각하는 우를 범하지 말지어다.

과정(현재가치)인 안전성과 환금성에 매진해야 한다. 오늘의 땅에 충실 하라. 내일의 땅은 아무도 모르기 때문이다. 즉 수익률에 대해 자세하게 아는 사람은 없다. 오직 하늘만 알고 있기 때문이다.

불로소득은 땅 투자와 무관하다. 대운과 무관하다. 땅 투자는 도박이 아니기 때문이다. 노력과 땀이 가미되지 않는 땅 투자는 사기다. 실패의 잔상이다. 온상이다. 도박행위는 속임수라는 도구가 필요하나, 땅 투자는 속일 수 없다. 도박 결과는 순간적이나, 땅 투자는 장기적이기 때문이다. 땅은 장기투자덕목(종목)이다. 장기레이스가 필요한데 이를 어긴다면 실수와 사기에 노출되기 마련이다. 100미터 단거리가 아닌 42.195km의 마라톤 경주가 바로 투자자가 달리는 정도다.

성기의 크기와 성격의 크기는 외형과 내실의 차이다. 내일과 오늘의 차이다.

'땅의 크기와 땅의 성능(성질)의 차이' 는 '사물의 하드웨어와 소프트웨어의 특성' 으로 점철된다.

지속력과 잠재력의 차이다. 성기 크기와 성격 크기는 반드시 정
비례하지 않는다.

「부동산의 동산화과정 – 예방과 예측, 그리고 발견의 연속성」

예방 및 예측 – 규제와 해제에 관한 사안(안전성)

발견 – 모색, 검색, 사색과정(잠재성)

09

안전한 토지와 완전한 토지

안전한 땅은 있어도 완전한 땅은 존재하지 않는다. 만약 완전한 땅 운운하는 자가 있다면 그 자는 사기꾼이다. 나는 완벽한 사람입니다, 라고 말하는 것과 같은 원리이기 때문이다.

완벽한 인간이 존재하지 않는 것처럼 완벽한 부동산도 없다. 세상이치다. 인간이건 부동산이건 가치가 변할 수 있는 건 가치가 그 자리에 계속 머물 수가 없어서다. 100% 완전보장의 성공 비법보다 실수 안 하는 방법이 존재할 수 있는 양 완전한 땅보단 안전한 땅이 존재하는 법이다.

완전한 땅이 존재할 수 없는 건, 땅은 미완의 부동산이기 때문이다. 개발을 필요로 하고 보호자(개발자)가 항시 필요한 존재가 바로 땅인 것이다. 안전한 땅의 기준은 존재하나, 완전한 부동산의 기준은 없다. 완전한 부동산이 없는 건 부동산(不動産)은 '움직이지 않는 동산' 이기 때문이다. 동산화의 여정을 거치기 위해 존재하는 것이다.

땅거지의 기준 - 낮은 환금성

집거지(하우스푸어)의 기준 - 낮은 수익성

땅은 어지간해선 가격다운 현상이 일어나지 않으나 집은 자주 하락구도나 소강구도를 걷는다. 완성물과 미완성물의 차이 때문이다. 입주가 가능한 부분과 그 반대의 차이다.

땅의 과거나 현재는 무조건 대자연상태이지만 땅의 미래는 다양하다. 변수를 그리는 것이다. 집의 과거는 땅이지만 집의 미래는 철거 대상이다. 완성품의 특성 때문이다. 소모품+공산품의 성질을 지녔다.

집은 주거인구가 주(主)이다. 지역중심이다.

땅은 다양한 인구유입을 소망(열망)한다. 주변여건과 환경에 따라, 용도지역의 입지에 따라 변수가 작용, 작동(가동)한다. 작용과 반작용(좋은 변수와 나쁜 변수)현상은 일어나도 부작용현상은 어지간해선 일어나지 않는다. 단, 땅이 부동산 중 유일무이한 미완성물이라는 인식이 작용(작동) 했을 때 말이다.

투자가 가능한 경우 - 안전한 땅을 찾는 경우에 결단이 가능하다. 투자가 불가능한 경우는 100% 완전무결한 땅을 찾는 경우에 발생한다.

100% 완전한 땅이 현실적으로 없는데 그걸 찾으려 하니 에너지만 낭비하는 것이다. 투자가 불가능한 이유다. 존재하지 않은 상황을 모색하는 것이니까.

꿈이 현실이 되는 경우 – 투자 행위

꿈이 영원히 꿈에 머문 경우 – 사기 행위에 희생된 경우

우려가 현실이 되는 경우 – 투자의 길이 막힌 경우. 관망만 한다.
100%를 향해 질주한다. 헛걸음이다. 100%란 역시 영원한 꿈이다. 100% 완전무결한 부동산이 숨어 있는 건 아니다. 숨은 그림 찾기 식으로 찾지 말아야 하는 이유다.

완전한 부동산이 존재하지 않는다는 게 부동산의 특징 중 하나다. 이를 수용할 수 없다면 사기행위에 농락당하기 십상이리라. 죽을 때까지 꿈만 찾아 헤맬 게 분명하니까.

완전할 수 없으니 부동산의 가치와 가격이 상승할 수 있는 것이다. 완전하다면 더 이상 오를 수 없다. 완전하다는 건 Top을 의미하는 것이니까. 완전하지 않다는 건 기회가 언제든지 찾아올 수 있다는 의미다. 100% 완전무결한 것엔 기회가 0%이다.

10

실패를 자주 하는 사람의 특징

　　　　　인간은 불 없인 살 수 있지만 물 없인 살 수가 없다. 이는 물의 역사가 불의 역사를 압도하고 있다는 거증이리라. 생명수(生命水)라는 말은 있어도 '생명화(生命火)'라는 말은 존재하지 않는다.

물리적으로 물불을 못 가리고 정서적으로도 물불을 못 가리는 인간이 있다. 작금은 실패(사기) 원인을 적극적으로 모색할 때이리라.

물은 대자연의 상징물이지만 불은 문명의 상징이다. 물은 인간의 삶의 운명을 좌우한다. 물의 경쟁상대(라이벌)가 불이지만 물은 규제의 온상이다. 보호의 대상이다. 그러나 불은 개발의 온상, 개발의 결과물이다.

부동산에 관한 착각과 사기 등은 물불을 제대로 가리지 못한 판단력과 변별력 부재의 결과다.

물 – 신이 만든 대자연의 일부분

불 – 인간이 만든 문명의 이기

물(보호의 개념)은 '발견의 대상물' 이지만 불(개발의 개념)은 '발명의 대상' 인 까닭이다.

자연 – 발견의 대상이라 자연의 나이를 알고 있는 인간은 없다.

도시 – 발명(개발)의 대상. 도시의 나이가 존재하는 이유다.
개발기간 및 개발계획이 반드시 항시 존재하기 때문이다.

물의 도시 – 양평 가평 춘천일대(산과 물은 응용 대상. 예를 들어 조망권이 이에 해당된다)

'조망권' 은 해당지역의 지상권을 이미 압도한 '자연의 권력' 이다.
물의 권력인 것!

불의 도시 – 서울특별시과 신도시일대

물의 도시의 특징 – 인구규모가 작고 인구밀도가 낮다

불의 도시의 특징 - 인구규모가 크고 인구밀도가 높다

'불의 도시'가 어엿하게 존재할 수 있는 건 아파트 거품가격 때문이다. 아파트투자자의 급증세와 연관 있다. 불의 도시는 아파트거품이 그 원료, 연료인 것이다. 아파트분양가의 담합행위에 의해 인구집중도와 관심도가 높아진다. 가수요자와 떴다방, 개미들이 급증세다.

지역경제가치를 '자연 속'에서 발견하는 것 - 물의 도시

지역경제가치나 지역 랜드 마크를 '인구 안'에서 발견하는 것 - 불의 도시

(예-상업 및 업무시설의 유동인구)

인간(인구)과 자연 사이에 무엇이 존속하는가?
필자 생각엔 '종교 및 문화재의 힘'이라 본다. 종교가 존재할 수 있는 명분은 확실하고 분명하고 견고하다. 완벽한 인간은 존재하지 않지만 자연은 완전할 수 있기에 종교에 관한 기대감이 증폭되는 법. 종교와 부동산의 재료가 곧 대자연 아닌가.
종교와 부동산(자연) 속엔 무소불위의 힘, 즉 잠재성이 숨어 있다고 확신하는 인간이 있다. 종교사기와 부동산사기가 발생하는 이유다. 교주(종교)가 생기면서부터 언제부터인가 부동산에도 교주(사기꾼)가 생겼다. 나를 믿고 투자하라! 부동산의 성질과 자연의 성질을 믿고 투자하는 게 정도(正道)인데 말이다.

종교 교주의 특징 – 신(神)은 볼 수 없지만 인간(교주)은 볼 수 있다는 현실과 신념을 악용한다

부동산교주의 특징 – 미래가치(수익률)를 보여주려 노력을 하지만 부정확하다. 불투명하다. 예측 불허의 변수가 만연한 게 부동산시장이기 때문이다.

『물의 힘=종교의 힘』
(그 가치가 무한대이기 때문이다. 삶의 도구가 될 법하다)

물 – 부동산의 존재가치, 생명수
예) 조망권 유지

종교 – 부동산의 존재가치와 연계 된다
(종교용지가 존재하기 때문이다. 종교용지는 28개 지목 중 한 가지다)

물불 못 가리는 판단력 낮은 사람은 사기꾼의 사냥감(먹잇감)이다.

不動産은 人生이다
Real Estate Is Life

권말 부록

땅값상승률,
인구증가율 모두 높은
투자지역

땅값상승률, 인구증가율 모두 높은 투자지역

'지역 랜드 마크'가 '지역특성'을 강조하는 것이라면, 투자가치는 희소가치와 관련 깊다. 투자가치와 희소 가치가 정비례할 때 가격이 상승하기 때문이다.

지역 랜드 마크는 두 가지로 분류되고 있다.

미래가치와 현재가치로 말이다.

마치 신학과 실학처럼 두 가지로 지역사람들에게 접근한다.

즉 '신학적으로의 접근방식'은 비상식적일 수 있으나(미래가치- 반드시 예측행위가 필요하다) '실학적으로의 접근방식'은 지극히 상식적이다. 지금당장 목도할 수 있는 현재가치(실용가치)이기 때문 이다.

현재가치를 예측하는 행위는 사치이다.

괜찮은 배우자를 선택할 수 있는 기준은 사람의 성질을 정밀하 게 체크하는 것이다.

괜찮은 부동산을 선택하는 기준도 이와 다르지 않다. 부동산의 성격을 꼼꼼하게 살펴보는 것이기 때문이다. 부동산의 성격은 개발의 타당성(입지상태)과 직결된다.

고정성(자연환경)은 희소성과 잠재성을 낳기에 부동산의 성질을 강력히 강조하는 것이다.

희소가치의 기준 - 인구의 변화와 진화과정

(양적 및 질적 가치)

예) 인구증가현상이 지속적으로 이루어지는 공간이 바로 희망공간이다.

인구와 입지는 비례하기 마련이다.

입지도 두 가지로 분류된다.

전체적인 입지를 관찰하는 경우와 구체적인 입지를 관찰하는 경우로 말이다. 전자가 망원경으로 지역관찰을 하는 것이라면 후자는 현미경으로 지역관찰을 하는 것이리라.

투자목적과 투자방법은 비례한다.

마치 실수요가치와 투자가치가 비례하듯 말이다.

필자가 강력하게 추천하는 경기도 용인 화성 평택 하남 시흥일대의 강점은 실수요가치와 투자가치가 비례하고 있다는 점이다.

그로 인해 아파트가격과 땅값이 동반상승하는 기류를 장기적으로 지속적으로 타고 있는 것이다.

모범적인 공간(변수가 적은 지역)과 비범한 공간(변수가 많은 지역)이 공존하다 보니 가격거품지역(기획부동산이 집중적으로 몰리는 지역)도 발생(또는 발견) 할 수가 있다.

땅값폭등지역의 특징

1. 언론에 자주 등장하는 지역 - 기사화↑

2. 기획부동산의 입성이 잦은 지역 - 가수요세력↑

기획부동산과 언론의 기획기사가 땅값폭등과 아파트거품의 원자재인 셈이다.

경기도 용인 시흥 평택 화성 하남일대의 경우 사람들과 언론의 관심도와 집중도가 높아지고 있다.
돈이 몰리고 있는 것이다.

『돈이 몰리는 곳 = 인구가 몰리는 곳』

예) 소비인구↑
(인구의 다양화 때문이다. 유동 및 주거인구가 급증세다)

투자자 ↑

(개인투자자와 더불어 지역개발 전문가도 급증세) - 아파트투자자와 토지투자자가 급증세다.

4차 산업이 키워드(화두)인 21세기 투자처는 무조건 수도권이다.

수도권의 강점 때문이다.

수도권 면적은 국토의 12%에 불과하지만 100대 기업 본사 91%가 몰려 있다. 벤처기업과 제조업체가 각각 70%와 57%를 차지하고 있는 실정이다.

돈과 사람이 몰려 투자자가 지속적으로 증가할 수밖에 없는 구조인 것이다.

부동산의 영원한 키워드가 수도권이다.

국토균형발전이라는 모토가 퇴색된 상태라서 하는 말이다.

서울 강남3구와 경기도 용인 화성 평택 하남 시흥일대의 부동산 가격은 대한민국의 희소가치를 드높이는 일등공신이다.

투자의 공신력이 높다.

01 : 용인의 지역 랜드 마크

1996년 시 승격을 맞은 용인시는 2020년 12월9일 특례시로 지역품격이 격상된 수도권 3대 거대도시 중 하나다. 과거 난개발1번지의 흑역사로 명성이 높았던 지역답게 지금도 개발의 압력과 압박이 대단한 곳으로 평가 받는 투자의 1번지다. 준도시지역과 준농림지역을 통합, 세분화 하여 관리지역을 탄생시킨 주역이 바로 용인이다. 즉 예비도시지역(관리지역)을 세분화, 정밀화 하는데 일등공신의 역할을 한 것이다.

전체인구의 77%가 기흥구와 수지구에 몰려 있어 지역거품과 난개발은 여전하다.

처인구 인구는 253,896명. 인근 안성시(18만 명) 인구규모보다 크다.

과거에는 수지구, 기흥구, 처인구 모현읍일대에 목장이 많았으나, 현재는 골프장이 많다.

재정자립도 수준은 62%로 경기도에서 화성시와 성남시에 이어 3번째다.

대학교가 11개나 되어 지역가치가 젊다.

도농복합 기초자치단체 중 가장 인구가 많은 용인의 면적은 부천의 무려 11배가 넘는다. 서울 강남과의 거리는 대략 20km. 삼성전자 기흥사업장과 삼성SDI본사가 있다.

최근 용인시에서 가장 땅값이 많이 오르는 지역은 처인구 원삼면 일대다.

대기업 입성 소식에 지역주민들의 흥분도와 관심도가 높아지는
모양새다.

범례) 용인반도체 클러스터 '소부장'(소부장 특화단지지정) – 소재, 부
품, 장비가 원삼면일대에서 일제히 가동한다!

1차는 오는 2024년에, 2차는 2036년에 가동한다.

3기 신도시인 용인 플랫폼시티에 반도체 관련 기업을 유치한다.

평균 연령이 41세인 용인의 인구변화는 다음과 같다

1990년 - 187,975명

1995년 - 242,048명

2000년 - 384,741명

2005년 - 686,842명

2010년 - 847,138명

2015년 - 971,327명

2020년 - 1,089,087명

02 : 하남의 지역 랜드 마크

지난 1989년 1월 1일 광주군 동부읍 등이 합쳐져 재탄생한 하남시엔 겹경사가 일어났다(예-3기 신도시지정+지하철연장).

하남시는 그린벨트1번지답게 과거 98%가 그린벨트였지만 지금은 77%수준으로 떨어진 상태. 그만큼 주거지역 개발에 박차를 가했다는 증거이리라.

미사강변도시, 위례신도시, 감일지구, 풍산지구, 교산지구, 복합단지조성 등 대규모 공동주택 사업지가 위풍당당하게도 존속(280만 평) 중이다.

지난 2018년 12월19일 국토교통부 발표(수도권 광역교통망 개선방안)에 따르면, '송파~하남도시철도' 노선을 만들어 교산신도시에 지하철 3개가 신설된다. 이 노선은 지하철3호선 오금역과 5호선 하남시청역과 연결된다. 모두 강남권으로 이어지는 전철이다.

수도권 전철 3호선을 오금역에서 감일지구(1개역)와 교산신도시

(3개역)를 거쳐 5호선(하남선)의 하남시청역까지 연장한다는 것이다.

1980년대 이후 서울의 침상도시(베드타운)로 자리 잡았던 하남시의 도로포장률은 100%다.

도로사용량이 많은 건 하남시가 준강동권의 입지라는 증거다. 강남4구의 힘을 가속화 시키는 일등공신이다. 강일역 개통으로 말미암아 강동구와 하남시가 더욱더 가까워졌다.

결과적으로 강남3구를 강남4구로 확장한 장본인이 하남인 셈이다.

53%가 임야인 하남은 과밀억제권역 등 각종 규제로 묶여 있어

기업 환경이 좋은 편은 아니나(녹지지역 84%), 택지개발 덕분에 인구가 급증하고 있다.

하남 U1테크노밸리(지식산업센터)에 서울 장안평 자동차 부품상가가 입성한다.

3기 신도시 중 토지보상수준(규모)이 가장 높은 하남 교산신도시의 개발면적은 1,913,000평 규모. 오는 2028년 마무리 된다.

경기도, 한국토지주택공사, 경기주택도시공사, 하남도시공사 합작으로 천현동, 교산동, 춘궁동, 덕풍동일대를 개발한다.

하남에서 가장 먼저 개발된 택지지구는 지난 2008년 완공된 풍산지구이고 미사강변도시는 서울시 강동구와 붙어 있어 도시의 완성도를 한껏 끌어올리고 있다는 평가를 받고 있는 잠재력 높은 공간이다.

감일지구는 행정구역상 하남시이지만 지역번호 02를 사용하고 있다.

서울 지하철 3호선 1개 역사가 오는 2028년 개통한다.

하남의 인구변화

1990년 – 101,321명
2000년 – 120,149명

2005년 – 121,646명
2010년 – 137,569명
2015년 – 154,879명
현재 – 29만 명

하남의 잠재성을 주시, 주목할 부분이 바로 급격한 인구의 변화
다. 5년 새 인구가 거의 2배 급증하였다. 인구규모는 크지 않으
나 인구의 진화과정을 보고 투자를 결정하는 게 용이할 것이다.
인구규모가 큰 성남보단 결정이 용이한 것.
성남의 인구는 감소세이지만 하남의 인구는 계속 증가할 것이다.

03 : 화성의 지역 랜드 마크

　　　　　31개 경기도 시 · 군 중 지역면적이 5위에 랭크되어 있는 화성시는 지역특질이 다양하다. 인근의 수원 대비 땅의 활용도가 높다.

예) 도시지역, 농촌지역, 어촌지역, 공업지역, 산간지역 등이 고루 분포되어 있다

인구증가율은 전국 1위! 당연히 자연히 땅값상승률도 그 수준을 유지하고 있다.

재정자립도 역시 도내 1위(전국4위의 지자체)에 랭크되어 있을 정도로 '돈'에 예민한 경제동물이다. 다양한 제조업공장이 많기 때문이다.

크고 작은 기업 수만도 전국 1위 수준을 유지하고 있어 사람이 몰리고 돈이 몰리는 것이다.

서울면적의 1.4배인 화성은 택지개발도 다양하게 이루어지는 편이다. 남양읍, 향남읍, 봉담읍은 소생활권을 이미 형성하였다.

아직까지도 남양주시, 김해시, 평택시와 더불어 분구가 되지 않은 특례시인 화성시의 출산증가율은 인구증가율 못지않게 타의 추종을 불허하는 상황. 곧 동탄9동이 신설될 것으로 전망되는 이유이리라.

지난 2007년 강남 대체 신도시로 동탄2신도시(기존 동탄1신도시의 동쪽지역, 경부고속도로 관통)가 선정되었고 동탄2신도시개발이 마무리 되면 인구수준이 성남수준에 바짝 다가갈 수 있을 것으로 전망된다. 도내 인구규모는 성남이 4위이고 화성은 5위다.

인구증가율에선 화성이 훨씬 앞서고 있는데 성남의 경우 유동인구는 증가하고 있지만 주거인구는 감소하고 있다. 판교신도시와 위례신도시 등 2기 신도시의 아파트 가격거품의 영향인 듯하다.

2001년 시 승격된 화성시의 인구변화

2000년 – 189,467명
2005년 – 288,718명
2010년 – 488,758명
2015년 – 608,725명
2019년 – 838,631명
현재 – 85만 명

현재 동탄2신도시 동탄역에서 SRT를 운행 중에 있으며 동탄1신도시의 서쪽 끝에 수도권 전철1호선 서동탄역(행정구역상 오산시)이 들어서 있다. 앞으로 GTX-A노선과 인덕원 동탄선이 들어설 예정이다.

동탄역 – 주변에는 동탄2신도시와 경부고속도로가 있다.

GTX-A노선 - 파주 운정신도시 운정역과 화성 동탄신도시 동탄역과 연결된다.

인덕원 동탄역 - 안양시 인덕원역과 동탄역, 오산시 서동탄역을 연결한다.

경부고속선과 호남고속선을 경유하는 수서행, 부산행, 목포행 SRT열차들이 정차하며 추후 인천발KTX가 개통되면 수인선 어천역에서도 KTX 이용이 가능하다. 어천역은 동탄역으로 접근하기 힘든 화성 서부 주민들이 주로 이용하게 될 것이다.

화성시의 지역 랜드 마크인 동탄신도시 인구는 젊다(30대 젊은 부부↑).

동탄1신도시 인구 - 130,000명(동탄1동~3동)

동탄1신도시의 지역 랜드 마크는 메타폴리스!

동탄2신도시 인구 - 230,000명(동탄4동~8동)

동탄2신도시의 지역 랜드 마크는 동탄호수공원!

인접해 있는 화성시 반월동의 삼성전자 나노시티 화성캠퍼스와
용인시 기흥구의 기흥캠퍼스는 동탄신도시에 큰 영향력을 행사
하고 있다. 대기업 연구센터가 많고 용인, 화성, 평택 등에 많은
대기업 사업장들이 존재(즐비)하여 고소득자들이 많이 거주하고
있는 것이다.

특이한 점 - 세계 반도체 장비 매출 1위~4위 기업이 모두 동탄
신도시에 본사나 지사를 두고 있다.

동탄신도시와 인접한 곳에 위치한 기업들 – 삼성전자, 한미약품, 두산중공업, 볼보트럭, 일동제약

동탄2신도시의 북서쪽에 위치한 동탄테크노밸리 규모는 광교테크노밸리의 5.7배이고 판교테크노밸리의 2.3배다.

화성시는 동탄신도시와 병점지구의 개발로 인해 동쪽만 크게 발달하고 서쪽은 낙후된 기형적인 도시구조를 가지고 있다.

이에 화성시는 시화호(시흥과 화성에 조성한 인공호수)를 개발하는 송산그린시티와 화성시청이 있는 남양읍(구 남양동)일대를 뉴타운지구로 지정했다.

송산그린시티 – 송산면, 남양읍, 새솔동일원의 시화호 남측 간석지에 산업입지 및 개발에 관한 법률에 따라 조성하는 신도시다. 오는 2030년 마무리할 예정이며 한국수자원공사 주도로 개발되고 있다.

화성국제테마파크 – 송산그린시티 동측지구 서쪽 간척지에 조성한다. 신안산선 국제테마파크역이 생긴다.

공룡알 화석지는 송산그린시티 전체면적의 4분의1로 지난 1999년에 발견되었다. 문화재보호구역으로 지정된 상황.

메타폴리스(Metapolis) - 화성시 반송동에 위치한 66층 주상복합 아파트로 경기도에서 가장 높은 건물이다.

기업이 다양한 화성의 강점은 법인지방소득세가 경기도에서 1위라는 점이다. 삼성과 현대기아가 낸 법인지방소득세가 총액의 75%를 차지하고 있다.
화성시 경제의 가장 큰 축이 제조업이라는 증거이리라.

화성시 서부의 경제의 축을 이끄는 리더는 현대기아자동차와 그 관계회사들이고 남부 축을 이끄는 리더는 제약회사공장들이다.
동부는 삼성반도체를 비롯한 대기업과 중소기업이 이끈다.

04 : 평택의 지역 랜드 마크

평택시는 경기도 내에서 경지율이 가장 높은 곳이다(44.2%).

평택의 경지면적은 화성시 다음으로 넓다.

지난 1995년 시 승격하여 도시 규모가 커져가고 있다.

삼성전자반도체, 쌍용자동차, LG전자가 있고 인근엔 평택일반
산업단지와 송탄일반산업단지도 있다.

평택호 주변의 관광신도시 조성과 팽성읍일대와 현덕면, 포승읍
일대의 지역변화와 진화과정을 유심히 살펴볼 필요가 있다.

미군기지와 관광인구 흡수력을 통한 투자가치를 조율하기 위한
열의이다. 안중역일대 변화 역시 눈여겨 볼 대목.

고덕국제신도시일대의 서정리역과 지제역의 경우 급격한 진화
과정을 밟고 있는데 특히 서정리역일대 삼성 파워를 눈여겨볼
필요가 있다. 아파트 폭등세가 수도권 최고수준이기 때문이다.

상가 분양과 더불어 아파트 위세가 만만치 않다.

평택의 인구 변화

1995년 – 312,927명

2000년 – 345,306명

2005년 – 378,438명

2010년 – 388,508명

2015년 – 457,873명

2019년 – 521,172명

현재 – 54만 명

04 : 시흥의 지역 랜드 마크

인구규모가 50만 명이 넘은 시흥시는 예비특 례시로 손색이 없다.

63%가 그린벨트로 지정되어 있지만 지역주민의 평균나이가 33 세로 젊다. 경기도 평균나이(35세)보다 더 젊다.

1989년 시 승격된 시흥시는 거북섬 복합개발사업에 기대감이
높다.

시화MTV(시화멀티테크노밸리) 주변의 교통개발사업 덕분에 인근
의 부동산가치와 가격이 업로드 중이다.

제2외곽순환도로와 시흥 월곶 및 성남 판교를 잇는 월판선과 신
안산선이 건설된다.

제2외곽순환도로사업은 서울외곽순환고속도로 바깥쪽으로 봉담~송산~안산~인천~김포~파주~포천~화도~양평~남양평~이천~동탄~봉담을 순환하는 고속도로건설사업이다.

시화MTV거북섬 해양레저관광단지가 시흥시의 지역 랜드 마크가 될 것이다.

월판선은 시흥시 월곶과 성남시 판교를 잇는 철도로 2025년 12월에 준공예정이다.

월판선이 개통되면 수인분당선인 월곶역이 환승역이 되어 인천 송도국제도시까지 이동이 용이해진다.

인구변화

1985년 - 56,014명

1990년 - 107,176명

1995년 - 133,443명

2000년 - 305,268명

2005년 - 389,638명

2010년 - 407,090명

2015년 - 425,184명

현재 - 50만 명

경기도에 투자자가 급증하는 이유

        용인 시흥 화성 평택 하남 등 경기도에 투자자가 급증하는 건 경기도의 특징 때문이다.

경기도의 특징 – 새 집이 증가하고 있다.

(규제해제를 통해 새 도시 건설)

1,2,3기 신도시 연동(연계)

예) 성남 분당+판교, 위례신도시(1,2기 신도시)

하남(준강동권, 2,3기 신도시)+성남(1,2기 신도시) = 제2의 강남

평택과 화성은 '제3의 강남' 이다.

(화성은 예비거대도시이다. 재차 강조하지만 31개 경기도 지자체 중 인구규

모가 5위에 랭크되어 있는 화성시가 4위인 성남인구를 압도할 것으로 예상되기 때문이다. 화성시는 인구가 급증세이지만 성남시는 그 반대현상에 장기적으로 허덕이고 있기 때문에 내년에 화성이 4위에 오를 것으로 전망된다. 화성에 지금 투자를 해야 하는 이유다)

전철 연장선의 증가 역시 경기도 성장 동력의 큰 영향력을 행사하고 있다.

진접선 – 지하철4호선과 연계(2021년 12월31일 개통예정)
별내선 – 지하철8호선과 연계(2023년 9월 개통예정)
하남선 – 하남검단산역과 하남시청역(덕풍, 신장), 강일역(2021년 3월27일 개통)

서울 강남3구와 경기도로 유입되는 지방투자자가 증가하는 이유 – 서울 강남3구와 경기도 일대 특성 때문

서울 강남3구의 특성 – 아파트투자자의 성지

경기도 – 땅 투자자의 성역(특히 강남과의 접근성이 높은 지역)

2020년 현재, 전국 공동주택 1416만8992가구 중 수도권이 743

만324가구를 차지하고 있다(52.4%)

경기도 하남시 − 95.2%

화성시− 91.6%

서울시 공동주택 중 65.7%가 아파트

경기도 공동주택 중 79.3%가 아파트

인천시 공동주택 중 71.7%가 아파트

경기도 화성+평택의 특징(=화성과 평택에 투자를 해야 하는 이유)

1. 대기업의 가치가 높다

직주근접가능(일자리+잠자리).

대기업과 아파트단지 ↑

2. 대도시의 가치가 높다(갈수록 높아져가는 동탄신도시와 고덕국제신도시의 위상과 위력!!)

3. 대자연의 가치가 높다(바다를 통해 관광인구를 흡수하고 있다)

지정학적으로 화성과 평택은 충남 당진과 연계 할 수 있는 경제
자유구역(황해경제자유구역)의 힘을 활용(역이용) 할 수 있는 환경여
건이다.
바다의 힘 때문에 가능한 시나리오.

4. 인구의 가치가 높다

(젊은 동력인 노동인구가 급증세! 경제신도시인 평택은 관광신도시이기도
하다. 유동인구가 급증하는 이유다. 평택항 주변에 배후신도시가 자리를 단
단히 구축할 것이다)

화성과 평택의 주요기능 – 경기지역의 강점과 충청지역의 강점을
연계하는 가교역할을 하고 있는 것이다.
오는 2022년 개통하는 서해선에 주목하는 이유다.

제2의 강남 – 강남과 직결되는 판교 및 분당신도시(=강력한 역세
권의 영향력)

제3의 강남 – 화성, 평택(예–서해선 잠재력과 직결)

판교신도시와 화성, 평택의 강점 – 젊은 인구와 산업단지의 힘,

노동력의 잠재력!

대한민국 4대 거대도시 – 고양, 수원, 용인, 창원
대한민국 4대 예비거대도시 – 성남, 평택, 화성, 시흥

화성 – 작은 수원

수원대학교는 수원에 없다. 화성에 있다. 장안대학교도 수원시 팔달구 장안동이나 장안구에 있지 않고 화성에 있다. 화성이 '작은 수원'으로 불리는 이유 중 하나다. 수원의 존재감이 곧 화성의 성장 동력이다. 수원은 더 이상 개발할 수 있는 환경여건이 안 되기 때문이다. 지역 랜드 마크가 광교신도시다. 제2의 광교신도시가 나올 확률이 낮다는 것이다.
가용 토지 부족, 부재 때문.

수원의 특성 – 인구밀도가 높고 규제강도가 높은 곳(인구감소세)

화성의 특성 – 인구밀도가 낮고 규제강도가 낮은 곳(그린벨트와 군사시설보호구역이 각각 14%와 1%이다)

평택+화성, 두 개의 투자 공간 – 산업단지, 주거단지, 녹지공간,

관광단지를 하나로 공유할 수 있는 기회의 공간
(특히 바다를 응용 할 수 있는 천혜의 자연조건을 구비한 지경)

하남의 경우 강(江)의 활용도가 높다(미사강변도시).
서울 강남과 성남 사이 가교역할을 단단히 하고 있다.
서로 형제관계다. 첫째 형이 강남이고 둘째와 셋째가 각기 성남
과 하남인 것이리라.

『수도권=특별시+광역시+특례시(서울+인천+10개 특례시)』

수도권의 10개 특례시 - 수원 용인 고양 성남 화성 평택 부천 남
양주 안산 안양

수원 안산 안양 부천 등의 경우 이미 오래 전 급속도로 성장을
했던 역사가 오래된 도시로서 개발면적이 전무한 지경. 그 대신
화성, 용인 등 개발면적이 광대한 쪽으로 투자자들이 몰리는 상
황이다.

경제규모가 세계 4위인 수도권의 면적은 광대하다.
넓은 범위의 수도권 인구는 서울, 인천, 경기, 춘천, 천안, 아산
을 포함하기 때문이다(52.6%).

최근에 개발된 화성시, 용인시, 남양주시, 김포시 등 도농복합시 지역이 인구가 빠르게 늘고 있다.

도시의 역사가 오래된 특례시 성남시, 부천시, 안양시, 안산시 등은 인구가 감소하는 추세이다.

수원, 화성, 오산, 용인, 시흥, 김포시는 젊은 동네로 각광 받고 있다.

역사가 오래된 나이 많은 공간은 실수요지역으로 사용가치를 높이고 나이가 젊은 공간은 투자지역으로 십분 활용하자.

용인+화성+평택+하남과 시흥을 투자의 공간으로 여기고 집중 공략하는 방법을 함께 연구하고 분석할 때이리라.

투자가치를 맛볼 수 있는 노하우를 알고 있는 사람은 투자의 공간을 '집중 공략' 할 것이고 그 반대에 놓여 있는 사람은 투자의 공간을 '무조건 생략' 할 것이다.

공략과 생략의 차이는 극과 극이다.

사유와 사색의 차이가 부자와 빈자를 만들어놓기 때문이다. 🏠